パッ
ようこそ国語《こくご》がニガテな小学生《しょうがくせい》のみなさん
私《わたし》が長文読解研究所《ちょうぶんどっかいけんきゅうじょ》所長《しょちょう》の長尾誠夫《ながおせいお》です
バッ
高校《こうこう》の国語教師《こくごきょうし》でありかつまたミステリ作家《さっか》である私《わたし》が
みなさんに物語文読解《ものがたりぶんどっかい》の極意《ごくい》を教《おし》えてあげましょう
しかも誰《だれ》にだってわかる超簡単《ちょうかんたん》な方法《ほうほう》でね
フフフ…
長尾誠夫《ながおせいお》
長文読解研究所所長《ちょうぶんどっかいけんきゅうじょしょちょう》。
現役《げんえき》の都立高校《とりつこうこう》
国語教師《こくごきょうし》であり
（かなり売《う》れない）
ミステリ作家《さっか》

なぜ、そんなことができるかって？
それはね、この私《わたし》がとんでもないスーパーマシンを発明《はつめい》したからなんだ
このマシンを使《つか》えば誰《だれ》だって物語文《ものがたりぶん》がスラスラと読《よ》めるようになるんだよ
フフフ…ハハハ
アハハハハハハ！
前《まえ》と同《おな》じですね
なんかワンパターンだな
あれ？君《きみ》たちは!?

今度《こんど》は物語文《ものがたりぶん》について教《おし》えてくれるというので来《き》ました
ふみの心《こころ》 中学受験《ちゅうがくじゅけん》を控《ひか》えて不安《ふあん》になっている小学《しょうがく》5年生《ねんせい》
国語のにがてな人、大しゅうごう!
今度はスーパーマシンで
〈物語ぶん〉の読解ほうを
教えます。
ながおせいお
長文読解研究所しょちょう
都立高校こくご教師
みすてり作家
無料だから きてね♡
前の本も面白かったし
ふみの理《おさむ》 国語《こくご》が大嫌《だいきら》いな小学《しょうがく》4年生《ねんせい》 心《こころ》の弟《おとうと》

説明文編《せつめいぶんへん》を読《よ》んでくれたんだね
フフフ あの本《ほん》は大好評《だいこうひょう》でね。物語文編《ものがたりぶんへん》を書《か》いてほしいという声《こえ》がた~くさん届《とど》いたんだよ
とりゃもう山ほどね
本当《ほんとう》ですか!?

もちろんだよ！ほら、これを見《み》てごらん
ドーン!!
おお～！
すご～い！
フフフ、読者《どくしゃ》のみんなは大感激《だいかんげき》でね
パッ
文章《ぶんしょう》の読《よ》み方《かた》がわかりました。国語《こくご》の勉強《べんきょう》って面白《おもしろ》いんですね
パッ
続《つづ》きを書《か》いてください楽《たの》しみにしてま～す。先生《せんせい》、大好《だいす》き～♥
な～んていっぱい書《か》いてあるんだよ。アハハもう照《て》れちゃってね。アハハ…
先生《せんせい》よかったですね
うんうん
ほんとかなあ～
どうも信用できないぞ
パラ

説明ぶん
編
とっても、
おも白かったです。
続きをかいてください♡
まってます。
読しゃより
あれ？この字《じ》は…
なんか先生《せんせい》の字《じ》と似《に》てるぞ
バッ
アハハ だめだよ。人《ひと》の手紙《てがみ》を勝手《かって》に見《み》ちゃ
そんなことより ほら、スーパーマシンを見《み》てみたいだろ
新《あら》たに改良《かいりょう》を加《くわ》えてバージョンアップしてあるんだ。見《み》たいよね
ね！
先生《せんせい》！
ぎくっ
う…
ううー

どよ〜ん…
ごめんなさい。ほんとは、もっとたくさんファンレターがくると思《おも》ったんだ。だから、つい…う、うう〜
でも続編の希望がたくさんあったのは本当だよ
先生《せんせい》…
あ、あの…改造《かいぞう》したというスーパーマシンを見《み》せてもらえるかな
あはは〜
あはは
私《わたし》も見《み》たいです
そうだよね
しっかりしなきゃ
それじゃこれまでの話《はなし》を整理《せいり》しようか
ゆらり
え、スーパーマシンは？
初《はじ》めての読者《どくしゃ》もいるから、いろいろと説明《せつめい》した方《ほう》がいいだろ
そうですね

では、質問《しつもん》。

キリッ
私《わたし》の開発《かいはつ》したスーパーマシンから出《で》てきたのは何《なに》かな？

スケモン！

そう、文章《ぶんしょう》の読解《どっかい》を助《たす》けてくれる助《すけ》っ人《と》モンスター略《りゃく》してスケモンだったね。前作《ぜんさく》の説明文編《せつめいぶんへん》では7匹《ひき》のスケモンが登場《とうじょう》したけど、名前《なまえ》を覚《おぼ》えてるかな？

ギャクッチ
ウチケーシー
マートメ
キモーチママ
それから…
ギャクッチ
ウチケーシー
グータ
マートメ
キモーチママ
ターイヒ
グータ
ターイヒ
ギーモンです
ギーモン
その通《とお》り！
詳しくは『説明文編』を読んでね

今回《こんかい》の物語《ものがたり》文《ぶん》編《へん》でも
また新《あら》たに7匹《ひき》のスケモンが
登場《とうじょう》するからね
やった！
わくわく
どんなのかな～
そしてこれが
新《あら》たなスケモンを
呼《よ》び出《だ》すために
バージョンアップした
スーパーマシンだ！
バッ
ウィ～ン…
ガタピシ
ガタピシ
ドヤ…
な、何《なん》ですか
これ…
もっと
オンボロになってる
えええ…
いいから
いいから

これをつけてね
あ、これも変《か》わってる
改良《かいりょう》したからね
スチャ
いい感じだね
じゃあ行《い》ってみよう
物語文《ものがたりぶん》の世界《せかい》へ！
ポチッ
キィイイイン
カッ

フワッ
またバーチャルリアリティの世界《せかい》ですね
フワフワ〜
ふわふわ浮《う》いて気持《きも》ちいい
ここに様々《さまざま》な文章《ぶんしょう》と読解《どっかい》を手助《てだす》けするスケモンが現《あらわ》れるからね
楽《たの》しみですね

スケモンの名前《なまえ》と個性《こせい》を覚《おぼ》えてゲットできれば物語文読解《ものがたりぶんどっかい》のコツが身《み》につくんだ
読者《どくしゃ》のみんなもいいかな
わくわく
じゃ、さっそく始《はじ》めるよ。スケモンをゲットしてめざせ物語文《ものがたりぶん》の読解《どっかい》マスター！
え？またそれ？
なんだかな～
いいのいいの

中学受験 まんがで学ぶ！

国語がニガテな子のための読解力が身につく7つのコツ

物語文編

都立高校国語教師／ミステリ作家
長尾誠夫
まんが：よこてさとめ

目次《もくじ》

中学受験《ちゅうがくじゅけん》

まんがで学《まな》ぶ！　国語《こくご》がニガテな子《こ》のための読解力《どっかいりょく》が身《み》につく7つのコツ（物語文編《ものがたりぶんへん》）

第《だい》1章《しょう》

文章内《ぶんしょうない》の言葉《ことば》に注目《ちゅうもく》して登場人物《とうじょうじんぶつ》の気持《きも》ちを読《よ》み取《と》ろう！

では、これから物語文《ものがたりぶん》について教《おし》えるけど君《きみ》たちは物語文《ものがたりぶん》が好《す》きかな？
ぼくは大嫌《だいきら》いだよ読《よ》んでいるうちに筋《すじ》がわかんなくなるんだもん
私《わたし》も登場人物《とうじょうじんぶつ》が多《おお》くなると話《はなし》が整理《せいり》できなくなることがあります

なるほどね。でも、それって簡単《かんたん》に解決《かいけつ》できるんだ。次《つぎ》の話《はなし》を読《よ》んでごらん

桃《もも》から生《う》まれた桃太郎《ももたろう》は、お爺《じい》さんとお婆《ばあ》さんに育《そだ》てられてすくすくと成長《せいちょう》し、大《おお》きくなると「鬼ケ島《おにがしま》に行《い》って悪《わる》い鬼《おに》をやっつけてきます」と言《い》って、犬《いぬ》・猿《さる》・雉《きじ》を連《つ》れて鬼ケ島《おにがしま》に向《む》かいました。鬼《おに》を退治《たいじ》した桃太郎《ももたろう》は宝物《たからもの》を持《も》ち帰《かえ》って、お爺《じい》さんやお婆《ばあ》さんと幸《しあわ》せに暮《く》らしました。

「桃太郎《ももたろう》」ですね
どんな話《はなし》かわかるかな？
もちろんだよ
じゃあ、どうして話《はなし》の内容《ないよう》がわかるのかな？
え？
わかるからわかるんだけど！
あらためて聞《き》かれると困《こま》りますね
実《じつ》は君《きみ》たちはこの4つのポイントを押《お》さえてるんだ。だから、話《はなし》の内容《ないよう》が理解《りかい》できるんだよ
1. 登場人物《とうじょうじんぶつ》は誰《だれ》なのか
（登場人物《とうじょうじんぶつ》の確認《かくにん》）
2. 登場人物同士《とうじょうじんぶつどうし》はどんな関係《かんけい》なのか
（親子《おやこ》、友人《ゆうじん》、先生《せんせい》と生徒《せいと》…など）
3. 文章《ぶんしょう》に書《か》かれている「行動《こうどう》」は誰《だれ》の行動《こうどう》か
4. 「セリフ」は誰《だれ》が言《い》っているのか

これを「桃太郎《ももたろう》」に当《あ》てはめてみようか
1.「登場人物《とうじょうじんぶつ》」
「桃太郎《ももたろう》」「お爺《じい》さん」「お婆《ばあ》さん」
「犬《いぬ》」「猿《さる》」「雉《きじ》」「鬼《おに》」
2.「登場人物同士《とうじょうじんぶつどうし》」の関係
「桃太郎《ももたろう》」と「お爺《じい》さん」「お婆《ばあ》さん」は家族《かぞく》。
「犬《いぬ》」「猿《さる》」「雉《きじ》」は家来《けらい》。「鬼《おに》」は敵《てき》
3.「行動《こうどう》」
桃太郎《ももたろう》を育《そだ》てたのはお爺《じい》さんとお婆《ばあ》さん。
鬼ヶ島《おにがしま》に行《い》って鬼《おに》を退治《たいじ》したのは桃太郎《ももたろう》
4.「セリフ」は誰《だれ》が言《い》っているのか
「鬼ヶ島《おにがしま》に行《い》って悪《わる》い鬼《おに》をやっつけてきます」と言《い》ったのは桃太郎《ももたろう》
こうするとわかりやすいね
つまり物語文《ものがたりぶん》を読《よ》む時《とき》にはこの4つのポイントを押《お》さえればいいんですね
そういうこと。
物語文《ものがたりぶん》が苦手《にがて》な人《ひと》は試《ため》してみてね
うんうん!

でも、物語文《ものがたりぶん》の読解《どっかい》は これだけじゃダメなんだ。 もう1つやらなければ いけないことがあるんだよ
フフフ…
何《なん》ですか それは？
これだよ
バッ
登場人物《とうじょうじんぶつ》の気持《き》ち《も》を読《よ》み取《と》る
＝
物語文《ものがたりぶん》の読解《どっかい》
バーーン!!
「物語文《ものがたりぶん》における読解《どっかい》」とは 「登場人物《とうじょうじんぶつ》の気持《きも》ちを読《よ》み取《と》る」こと なんだ。 それができて初《はじ》めて物語文《ものがたりぶん》が わかったことになるんだよ。 実際《じっさい》の入試問題《にゅうしもんだい》でも 登場人物《とうじょうじんぶつ》の気持《きも》ちを 問《と》うものが多《おお》いだろ？
たしかに そうですね

でも、人《ひと》の気持《きも》ちなんて簡単《かんたん》にわからないよ。だって心《こころ》の中《なか》で思《おも》ってることでしょ
私《わたし》もそう思《おも》います
フフフ違《ちが》うんだな
実《じつ》は決まった言葉《ことば》に注目《ちゅうもく》するだけで気持《きも》ちを読《よ》み取《と》ることができるんだよ
え、本当《ほんとう》ですか？
それ知《し》りたい！
バッ
では、どうすればいいか教《おし》えてあげよう！
気持《きも》ちを読《よ》み取《と》るにはこの３つの言葉《ことば》に注目《ちゅうもく》すればいいんだ

❶ような言葉《ことば》
❷クッツキ言葉《ことば》
❸カラダ言葉《ことば》
ような、クッツキ、カラダ…何《なに》それ？
どれも決《き》まった言葉《ことば》を表《あらわ》してるんだ
?
?
?
この3つの言葉《ことば》に注目《ちゅうもく》すれば登場人物《とうじょうじんぶつ》の気持《きも》ちがわかるんですか？
そうだよ 詳《くわ》しくはスケモンが教《おし》えてくれるからお楽《たの》しみに！
?
わ～い！

どんなスケモンが
出《で》てくるのかしら
楽《たの》しみです
どっ
じゃあ
物語《ものがたり》文《ぶん》編《へん》の
スタートだ
読者《どくしゃ》のみんなも
いいかな?

1 時間目《じかんめ》

「ような言葉《ことば》」に注目《ちゅうもく》すれば、状況《じょうきょう》や登場人物《とうじょうじんぶつ》の気持《きも》ちがわかりやすくなる。

それじゃ1時間目《じかんめ》を始《はじ》めよう
物語文《ものがたりぶん》で気持《きも》ちを理解《りかい》するにはまず気持《きも》ちを書《か》いた表現《ひょうげん》に注目《ちゅうもく》すればいいんだ。これを見《み》てごらん
新《あたら》しいクラスになって友《とも》だちができないので、たかしは学校《がっこう》に行《い》くのがつらくなった。
この文章《ぶんしょう》からたかし君《くん》の気持《きも》ちがわかるかな?
えっへん!
簡単《かんたん》だよ。学校《がっこう》に行《い》くのがつらいんだよ
そうだね。こんな感《かん》じかな
新《あたら》しいクラスになって友《とも》だちができないので、たかしは学校《がっこう》に行《い》くのがつらくなった。
どうしてわかるのかな?
?
だって「つらくなった」って書《か》いてあるよ

これならわかるけど実際《じっさい》の文章《ぶんしょう》はこんなにわかりやすく書《か》いてないよ
そうだね。物語文《ものがたりぶん》では「つらい」とか「楽《たの》しい」とか気持《きも》ちを直接《ちょくせつ》書いてある箇所《かしょ》もあるけど、気持《きも》ちは直接書《ちょくせつか》かれていないことの方《ほう》が多《おお》いからね
ずるいよそんなの！
どうして直接《ちょくせつ》書《か》かないんですか？
ぶー
物語文《ものがたりぶん》は説明《せつめい》するものじゃなくて読者《どくしゃ》に感《かん》じてもらうものだからね
気持《きも》ちを直接書《ちょくせつか》くと深《ふか》く伝《つた》わらないんだ
どういうことですか？
？
次《つぎ》の2つをくらべてごらん

Ⓐ新《あたら》しいゲームを買《か》ってくれるというので、ぼくは期《き》待《たい》した。
期待してます
Ⓑ新《あたら》しいゲームを買《か》ってくれるというので、ぼくは目《め》を輝《かがや》かせた。
キラ キラ
ほんとだ。Bの『目《め》を輝《かがや》かせた』の方《ほう》が気《き》持《も》ちがよくわかるね
おお
説《せつ》明《めい》を読《よ》むより場《ば》面《めん》を思《おも》い浮《う》かべる方《ほう》がより深《ふか》く伝《つた》わるだろ。だから、筆《ひっ》者《しゃ》はいろんな方《ほう》法《ほう》で気《き》持《も》ちをイメージさせようとするんだよ
それが「ような言《こと》葉《ば》(※)」や「クッツキ言《こと》葉《ば》」「カラダ言葉」ですか?
え、スケモンは出《で》ないの?
そういうこと。じゃあ「ような言《こと》葉《ば》」の説《せつ》明《めい》から始《はじ》めよう
まずは「ような言《こと》葉《ば》」について知《し》ってもらわないとね

(※)「ような言《こと》葉《ば》」とはあくまで本《ほん》書《しょ》における呼《よ》び名《な》であり、一《いっ》般《ぱん》的《てき》な国《こく》語《ご》学《がく》習《しゅう》においては比《ひ》喩《ゆ》表《ひょう》現《げん》の１つとして学《まな》びます。

「ような言葉《ことば》」とは「〜ような」とか「〜みたいな」といった言葉《ことば》だよ。こんな感《かん》じかな
●テストで満点《まんてん》を取《と》ったので、ぼくは天《てん》にものぼるような気持《きも》ちになった。
●会場《かいじょう》は水《みず》を打《う》ったように静《しず》まり返《かえ》った。
●空《そら》には綿菓子《わたがし》みたいな雲《くも》が浮《う》かんでいた。
●逆転《ぎゃくてん》ホームランを打《う》たれて、この世《よ》の終《お》わりみたいに思《おも》えた。
これなら知《し》ってます。他《ほか》のものにたとえる方法《ほうほう》ですね。学校《がっこう》では「比喩《ひゆ》」と習《なら》いました
そうだね。「ような言葉《ことば》」の多《おお》くは「比喩《ひゆ》」と考《かんが》えていいよ(*)
なんでこの言葉《ことば》が大事《だいじ》なの？
?

(*)「〜ような」には「比喩《ひゆ》」以外《いがい》にも「推量《すいりょう》」「推量《すいりょう》の婉曲表現《えんきょくひょうげん》」「例示《れいじ》」等《など》の用法《ようほう》があります。しかし、どの用法《ようほう》でも状況《じょうきょう》や気持《きも》ちを詳《くわ》しく説明《せつめい》していることに変《か》わりはないので、本書《ほんしょ》ではその区別《くべつ》には触《ふ》れません。

ドン!!
実験《じっけん》してみようか
これを見《み》てごらん
わっ!
食《た》べても
いいの?
もちろんだよ
勉強《べんきょう》だからね
ぱくっ
やった
いただきま〜す!
私《わたし》も〜!
おいし〜い!!
全部《ぜんぶ》食《た》べていいよ
わ〜い!
ありがとう
ございます!
こんな勉強なら
大好きだよ
あ、このイチゴ
おいしい
ふ〜!
さて問題《もんだい》だよ
ケーキはおいし
かったかな?
もちろんです!
からっ!

どんな風《ふう》においしかったのかな？
え？
わかりやすく説明《せつめい》してくれるかな
……そうですね
口《くち》の中《なか》でチョコがふわっととろけるようでした
キラキラ…
う～んと…
ふわ～
体《からだ》が軽《かる》くなって舞《ま》い上《あ》がるみたいな感《かん》じかな
ともかく、幸《しあわ》せに包《つつ》まれるような気持《きも》ちになりました
はい ありがとう。今《いま》の言葉《ことば》を並《なら》べてみようか

◉口《くち》の中《なか》でチョコがふわっととろけるようでした。
（状況《じょうきょう》を説明《せつめい》している）

◉体《からだ》が軽《かる》くなって舞《ま》い上《あ》がるみたいな感じかな。
（気持《きも》ちを説明《せつめい》している）

◉幸《しあわ》せに包《つつ》まれるような気持《きも》ちになりました。
（気持《きも》ちを説明《せつめい》している）

ほら、みんな「～ような」とか「～みたいな」を使《つか》ってるだろ
ほんとだ
状況《じょうきょう》や気持《きも》ちをわかりやすく伝《つた》えたい時《とき》には「ような言葉《ことば》」を使《つか》うことが多《おお》いんだ。それは物語文《ものがたりぶん》も同《おな》じなんだよ。実際《じっさい》の文章《ぶんしょう》を見《み》てみようか

(「ぼく」は一人《ひとり》で山《やま》に登《のぼ》っていて道《みち》に迷《まよ》ってしまった。)
山道《やまみち》はしだいに小《ちい》さくなり、やがて完全《かんぜん》になくなってしまった。周囲《しゅうい》には高《たか》い木々《きぎ》が鬱蒼《うっそう》と茂《しげ》り、自分《じぶん》がどこにいるのかすらわからない。わずかに見《み》える空《そら》は、一面墨汁《いちめんぼくじゅう》みたいな黒雲《くろくも》におおわれている。このまま帰《かえ》れなくなったらどうしようと思《おも》うと、胸《むね》のあたりがしめつけられるような不安《ふあん》を感《かん》じた。
道《みち》に迷《まよ》った時《とき》の状況《じょうきょう》と「ぼく」の気持《きも》ちが、「ような言葉《ことば》」でわかりやすく表現《ひょうげん》されているだろ

空《そら》は、一面墨汁《いちめんぼくじゅう》みたいな黒雲《くろくも》におおわれている
（状況《じょうきょう》を説明《せつめい》している）
胸《むね》のあたりがしめつけられるような不安《ふあん》を感《かん》じた
（気持《きも》ちを説明《せつめい》している）
たしかに、自分《じぶん》が経験《けいけん》しているみたいに伝《つた》わりますね
それが「ような言葉《ことば》」の力《ちから》だよ。本文中《ほんぶんちゅう》に「〜ような」とか「〜みたいな」があったら注意《ちゅうい》して読《よ》んでね

「ような言葉《ことば》」が状況《じょうきょう》や気持《きも》ちをわかりやすく説明《せつめい》しているのは理解《りかい》しましたけど、それが「状況《じょうきょう》」と「気持《きも》ち」のどちらについて書《か》かれているのか、どうやって見分《みわ》ければいいんですか？
フフフ、それはスケモンに教《おし》えてもらおうか
やった！いよいよ出《で》てくるんだね
楽《たの》しみです
「ような言葉《ことば》」のスケモンはヒユ・ヨーナというんだ
わっ
ヒユ・ヨーナ？
なんかビミョーだな…
エッヘン！
それじゃバージョンアップしたスーパーマシンの威力《いりょく》を見《み》せてあげよう
ポチッ
出《い》でよ！ヒユ・ヨーナ!!

ポン!!
ようなー みたいなー
君《きみ》たちね あたしを 呼《よ》んだのは？
はい そうですが…
あたしのこと どう思《おも》う？ かわいい？
え？ は、はい…
だったら「ような言葉《ことば》」で 表現《ひょうげん》して
言《い》ってくれなきゃ ヨーナ、泣《な》いちゃう
くね くね
そうですね…

花《はな》のように
かわいいです
あら、
あたしは
花《はな》みたいなの？
ヨーナ、うれしい
…じゃあ、君《きみ》は？
ドキッ
ビシッ
えっと
えっと…
「ような言葉《ことば》」
を使《つか》うん
だから…
君《きみ》は
「ような言葉《ことば》」のように
かわいいようだ
何、それ？
しょぼ〜ん…
ヨーナ
泣《な》いちゃう
あらら…
もう
変《へん》なこと
言《い》うから

先生《せんせい》、どうすれば いいんですか？
しくしく
きちんと「ような言葉《ことば》」を使《つか》うんだよ
ヒユ・ヨーナに似《に》たものをたとえるんだ
ヒユ・ヨーナに似《に》たものね…
あ、できたぞ！
ポン
うほん…
キラ
君《きみ》はまるで ようなしのようにかわいいようだ
キラ
ようなし？
ドキドキ
ああ、洋梨《ようなし》ね まぁいいわ
ヨーナ、許《ゆる》したげる
わーいっ
ズコーッ

じゃあ、ヒユ・ヨーナにお願《ねが》い。どういう場合《ばあい》が気持《きも》ちを説明《せつめい》した「ような言葉《ことば》」になるのか教《おし》えてもらえるかな
いいわよ。
くね
くね
すごく簡単《かんたん》なことなの…ウフフ
これを覚《おぼ》えればいいの

気持《きも》ちを説明《せつめい》した「ような言葉《ことば》」になるパターン

①「ような言葉《ことば》」の後《あと》に「気持《きも》ちを表《あらわ》す言葉《ことば》」が続《つづ》いた場合《ばあい》

・〜のように感《かん》じた　・〜のような気《き》がした

・〜のような不安《ふあん》　・〜のような驚《おどろ》き　・〜のような幸《しあわ》せ　など。

〈例文《れいぶん》〉

●初《はじ》めて都会《とかい》で暮《く》らした時《とき》は、広《ひろ》い海《うみ》に自分《じぶん》だけが投《な》げ出《だ》されたように感《かん》じた。

（孤独感《こどくかん》や不安《ふあん》が表現《ひょうげん》されている）

●わが子《こ》を抱《だ》いていると、心《こころ》が暖《あたた》かくなるような幸《しあわ》せに包《つつ》まれた。

（喜《よろこ》びや幸福感《こうふくかん》が表現《ひょうげん》されている）

②「ような言葉《ことば》」の後《あと》に「顔《かお》つき」「動作《どうさ》」が続《つづ》いた場合《ばあい》

・〜のような顔《かお》　・〜のような目《め》　・〜のような声《こえ》

・〜のように言《い》う　・〜のように笑《わら》う　・〜のように走《はし》る　など。

〈例文《れいぶん》〉

●はりつけにされた罪人《ざいにん》は、刺《さ》すような目《め》で役人《やくにん》たちをにらみつけた。

（怒《いか》りが表現《ひょうげん》されている）

●「もういいよ」と勇太《ゆうた》は投《な》げ出《だ》すように言《い》った。

（あきらめや投《な》げやりな気持《きも》ちが表現《ひょうげん》されている）

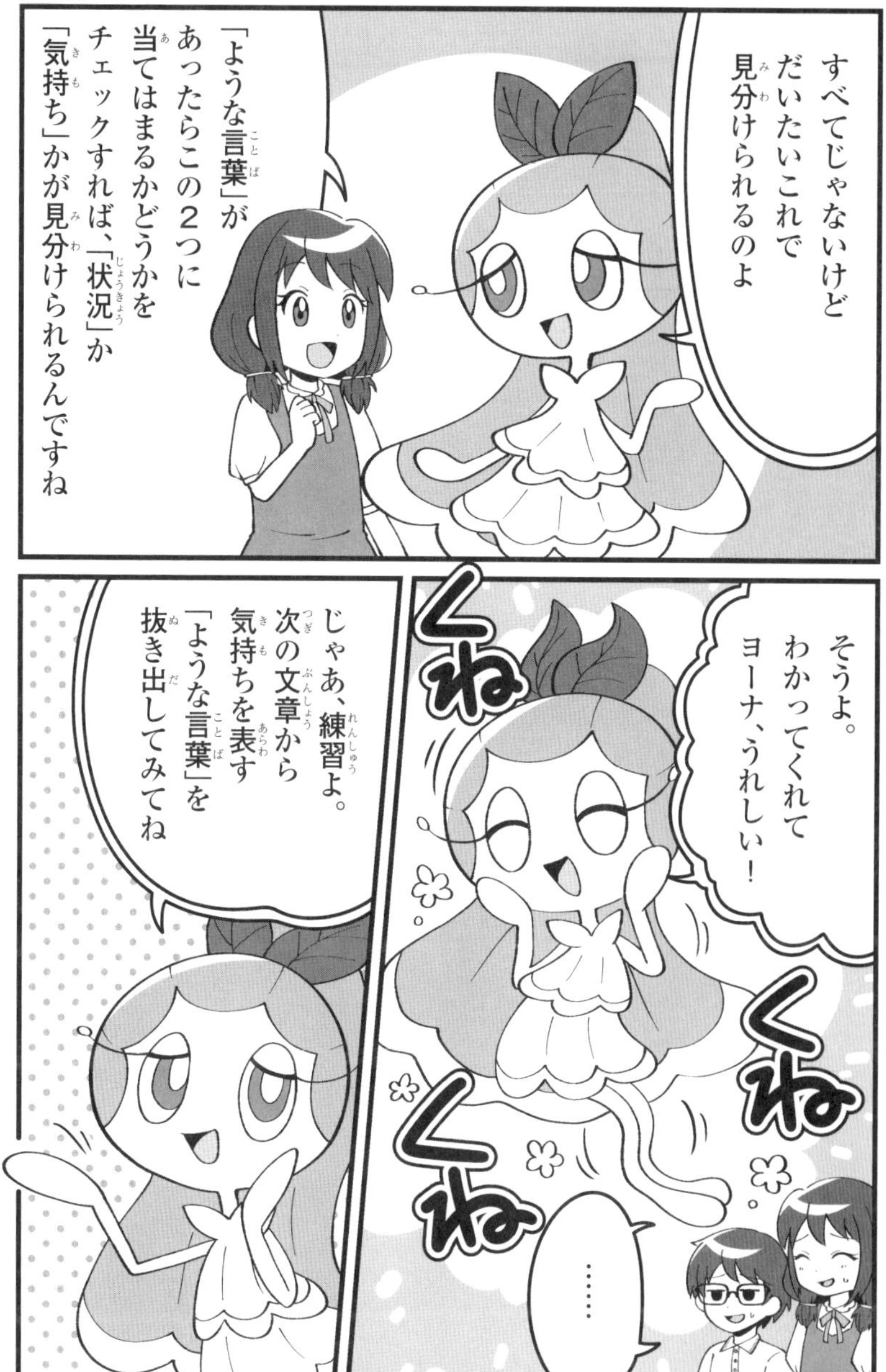
すべてじゃないけど だいたいこれで 見分《みわ》けられるのよ
「ような言葉《ことば》」が あったらこの2つに 当《あ》てはまるかどうかを チェックすれば、「状況《じょうきょう》」か 「気持《きも》ち」かが見分《みわ》けられるんですね
そうよ。 わかってくれて ヨーナ、うれしい！
くねくね
くねくね
……
じゃあ、練習《れんしゅう》よ。 次《つぎ》の文章《ぶんしょう》から 気持《きも》ちを表《あらわ》す 「ような言葉《ことば》」を 抜《ぬ》き出《だ》してみてね

猟師《りょうし》の定吉《さだきち》は山中《さんちゅう》の道《みち》に迷《まよ》い、夜《よる》をむかえた。野宿《のじゅく》をしようとしたら、近《ちか》くに鹿《しか》の親子《おやこ》がやって来《き》た。

鹿《しか》の鳴《な》き声《ごえ》がしたので、定吉《さだきち》は思《おも》わず木《き》の陰《かげ》に身《み》を隠《かく》した。向《む》こうからやってくるのは二頭《にとう》である。大《おお》きさからして親子《おやこ》のようだ。鹿《しか》の親子《おやこ》に見《み》つかっても、身《み》の危険《きけん》はない。相手《あいて》が驚《おどろ》いて逃《に》げていくだけだろう。だが、定吉《さだきち》はこの時《とき》、鹿《しか》の邪魔《じゃま》をしてはならないと思《おも》った。定吉《さだきち》がいるのはまだ踏《ふ》み込《こ》んだことのない山奥《やまおく》である。ここが獣《けもの》たちの聖地《せいち》であるならば、人間《にんげん》である自分《じぶん》が遠慮《えんりょ》しなければならないと思《おも》ったのだ。

「ねえ、お母《かあ》さん、なんだか寒《さむ》いね」

子供《こども》の声《こえ》がして定吉《さだきち》は、はっと周囲《しゅうい》を見回《みまわ》した。こんなところに人間《にんげん》の子供《こども》がいるはずはない。誰《だれ》の声《こえ》なのか。奇《き》妙《みょう》に思《おも》って鹿《しか》の親子《おやこ》を見《み》やると、親鹿《おやじか》がうなずくように子鹿《こじか》に首《くび》を向《む》けた。

「もうすぐ雪《ゆき》が降《ふ》るからね」

「雪《ゆき》って何《なに》？」

「空《そら》から降《ふ》ってくる白《しろ》くて美《うつく》しいものよ。お前《まえ》は知《し》らないだろうね」

鹿《しか》の話《はな》し声《ごえ》がはっきりと聞《き》こえた。しかも、それが不思議《ふしぎ》だとは少《すこ》しも思《おも》わなかった。

「でも、雪《ゆき》はこわいの。覚《おぼ》えておいて」

「どうしてこわいの。ぼくたちを食《た》べたりするの」

「食《た》べはしないけれど、私《わたし》たちの食《た》べ物《もの》をうばってしまうの。雪《ゆき》が一面《いちめん》に降《ふ》ったら、ここから出《で》ていかなきゃいけないのよ」

親鹿《おやじか》は責《せ》めるような目《め》で遠《とお》くを見《み》やった。

定吉《さだきち》もそちらを向《む》くと、月明《つきあ》かりに照《て》らされて、山《やま》の頂《いただき》が白《しろ》い鋼《はがね》のように光《ひか》っていた。

こんな感《かん》じかな
1. 親鹿《おやじか》がうなずくように子鹿《こじか》に首《くび》を向《む》けた。
2. 親鹿《おやじか》は責《せ》めるような目《め》で遠《とお》くを見《み》やった。
3. 山《やま》の頂《いただき》が白《しろ》い鋼《はがね》のように光《ひか》っていた。
ここから「気持《きも》ちを表《あらわ》す言葉《ことば》」や「顔《かお》つき」「動作《どうさ》」に続《つづ》く「ような言葉《ことば》」を抜《ぬ》き出《だ》すと1と2になりますね
そうよ。まとめるとこんな感《かん》じね

◉1・2は「気持《きも》ち」を説明《せつめい》している。

1. 親鹿《おやじか》がうなずくように子鹿《こじか》に首《くび》を向《む》けた。（動作《どうさ》）

→小鹿《こじか》の言葉《ことば》に同意《どうい》している。

2. 親鹿《おやじか》は責《せ》めるような目《め》で遠《とお》くを見《み》やった。（顔《かお》つき）

→雪《ゆき》が降《ふ》ることに対《たい》する不安《ふあん》や警戒心《けいかいしん》を表《あらわ》している。

◉3は「状況《じょうきょう》」を説明《せつめい》している。

3. 山《やま》の頂《いただき》が白《しろ》い鋼《はがね》のように光《ひか》っていた。

→山《やま》の頂《いただき》に雪《ゆき》が降《ふ》っていることを表《あらわ》している。

うーん 気持《きも》ちを説明《せつめい》した「ような言葉《ことば》」は抜《ぬ》き出《だ》せるけど、それがどんな気持《きも》ちかなんてわかんないよ
簡単《かんたん》よ！「ような言葉《ことば》」は他《ほか》のものにたとえているから、絵《え》を見《み》るようにその場面《ばめん》を想像《そうぞう》すればいいの
作者《さくしゃ》は登場人物《とうじょうじんぶつ》の気持《きも》ちをわかってほしくて「ような言葉《ことば》」を使《つか》っているから
普通《ふつう》に考《かんが》えればわかるはずよ
わかんないなんて言《い》ったら…
ヨーナ泣いちゃう
わかるわかるって！
ウフフ♡
じゃあ実際《じっさい》の問題《もんだい》にチャレンジしてみようか
「ような言葉《ことば》」に注意《ちゅうい》して解《と》いてごらん

次《つぎ》の文章《ぶんしょう》を読《よ》んで後《あと》の問《と》いに答《こた》えなさい。

次《つぎ》の文章《ぶんしょう》は中国《ちゅうごく》の作家《さっか》・魯迅《ろじん》の作品《さくひん》である。「僕《ぼく》」が人力車《じんりきしゃ》に乗《の》って急《いそ》いでいる時《とき》、老女《ろうじょ》が人力車《じんりきしゃ》にぶつかり転《ころ》んでしまった。

彼女《かのじょ》は地面《じめん》にうつぶせとなり、車夫《しゃふ》も立《た》ち止《ど》まっている。僕《ぼく》はこの老女《ろうじょ》にけがなどなく、そのうえ誰《だれ》も見《み》ていないというのに、車夫《しゃふ》が余計《よけい》なことをして、自分《じぶん》から面倒《めんどう》を引《ひ》き起《お》こせば、僕《ぼく》も遅刻《ちこく》してしまうと思《おも》った。そこで彼《かれ》にこう言《い》った。「だいじょうぶさ。さあ行《い》ってくれ！」

車夫《しゃふ》は耳《みみ》も貸《か》さず、――あるいは聞《き》こえなかったのか――かじ棒《ぼう》を下《お》ろすと、その老女《ろうじょ》をゆっくりと助《たす》け起《お》こし、腕《うで》を支《ささ》えて立《た》たせてから、こうたずねた。

「どうなさったんで？」

「転《ころ》んでけがしたよ」

僕《ぼく》はこう考《かんが》えていた――この目《め》でおまえがゆっくり倒《たお》れるのを見《み》たんだ、転《ころ》んでけがするわけがない。大《おお》げさなことを言《い》って、本当《ほんとう》に嫌《いや》な奴《やつ》だ。車夫《しゃふ》もお節介《せっかい》なんかするから、自業自得《じごうじとく》だ、落《お》とし前《まえ》は自分《じぶん》でつけろよ。

ところが車夫《しゃふ》は老女《ろうじょ》の話《はなし》を聞《き》くと、迷《まよ》うことなく、彼女《かのじょ》の腕《うで》を取《と》ったまま、一歩一歩《いっぽいっぽ》と前《まえ》に進《すす》んでいく。僕《ぼく》はふしぎに思《おも》って、急《いそ》ぎ前方《ぜんぽう》を見《み》ると、交番《こうばん》があるものの、大風《おおかぜ》のあとなので、外《そと》には人影《ひとかげ》はない。車夫《しゃふ》はあの老女《ろうじょ》を支《ささ》えながら、その入口《いりぐち》へと向《む》かっているのだ。

僕《ぼく》はこのとき不意《ふい》にある異様《いよう》な感《かん》じを覚《おぼ》え、彼《かれ》の全身埃《ぜんしんほこり》だらけの後《うし》ろ姿《すがた》が、一瞬《いっしゅん》大《おお》きくなり、しかも前《まえ》へ進《すす》むほどさらに大《おお》きくなり、仰《あお》ぎ見《み》るほどになったように感《かん》じていた。

藤井省三《ふじいしょうぞう》訳《やく》『小《ちい》さな出来事《できごと》』より

※『小《ちい》さな出来事《できごと》』（「故郷《こきょう》／阿Q正伝《あきゅうせいでん》」光文社《こうぶんしゃ》古典新訳文庫所収《こてんしんやくぶんこしょしゅう》）

問　「僕《ぼく》」はこの車夫《しゃふ》のことをどう思っていますか。次《つぎ》の中《なか》から最《もっと》も適当《てきとう》なものを選《えら》び、記号《きごう》で答《こた》えなさい。
ア　卑怯《ひきょう》な自分《じぶん》とは裏腹《うらはら》に正義感《せいぎかん》があり、頼《たよ》りがいのある人物《じんぶつ》。
イ　対応《たいおう》が誠実《せいじつ》で、自分《じぶん》より豊《ゆた》かな心《こころ》を持《も》った尊敬《そんけい》すべき人物《じんぶつ》。
ウ　馬鹿正直《ばかしょうじき》で自分《じぶん》の不利《ふり》になることにも気《き》づかない愚《おろ》かな人物《じんぶつ》。
エ　人《ひと》の意見《いけん》を聞《き》かず、自分《じぶん》の考《かんが》えを貫《つらぬ》き通《とお》す意思《いし》の強《つよ》い人物《じんぶつ》。
なんか難《むずか》しそうだな
「僕《ぼく》」の気持《きも》ちを説明《せつめい》した「ような言葉《ことば》」を探《さが》してみようよ
そうだね
…あった、これだ
彼《かれ》の全身埃《ぜんしんほこり》だらけの後《うし》ろ姿《すがた》が、一瞬大《いっしゅんおお》きくなり、しかも前《まえ》へ進《すす》むほどさらに大《おお》きくなり、仰《あお》ぎ見《み》るほどになったように感《かん》じていた。

「ように」の後《あと》に「感《かん》じていた」が続《つづ》いているから、気持《きも》ちを説明《せつめい》する「ような言葉《ことば》」ね
でも「後《うし》ろ姿《すがた》が一瞬大《いっしゅんおお》きくなり、しかも前《まえ》へ進《すす》むほどさらに大《おお》きくなり、仰《あお》ぎ見《み》るほどになった」ってどういうことだろ？

その場面《ばめん》を想像《そうぞう》してみようよ
場面《ばめん》ね…

ムムム…

ムム〜

パァア…

ぐぐーーん!!

おおーっ

わかった！車夫《しゃふ》の行動《こうどう》に心《こころ》を動《うご》かされたから大《おお》きく見《み》えたんだ
そうね じゃあ、車夫《しゃふ》と「僕《ぼく》」を比《くら》べてみようか
車夫《しゃふ》は転《ころ》んだお婆《ばあ》さんを親切《しんせつ》に交番《こうばん》に連《つ》れて行《い》ったのに、「僕《ぼく》」はお婆《ばあ》さんより遅刻《ちこく》しそうなことを心配《しんぱい》してるよね
「僕《ぼく》」はひどいやつだね
だから「僕《ぼく》」は車夫《しゃふ》のことを立派《りっぱ》で偉《えら》いと思《おも》ってるのよ
そうか
すると㋐か㋑だね
ア　卑怯《ひきょう》な自分《じぶん》とは裏腹《うらはら》に正義感《せいぎかん》があり、頼《たよ》りがいのある人物《じんぶつ》。
イ　対応《たいおう》が誠実《せいじつ》で、自分《じぶん》より豊《ゆた》かな心《こころ》を持《も》った尊敬《そんけい》すべき人物《じんぶつ》。
でも「僕《ぼく》」は車夫《しゃふ》に頼《たよ》ろうとはしてないよね

だったら 答《こた》えは(イ)だ
合《あ》ってると思《おも》う! 「仰《あお》ぎ見《み》る」というのは 「尊敬《そんけい》できる」 ということだからね
どうですか?
正解《せいかい》よ!
キャーッ
くね
くね
くね
「ような言葉《ことば》」を マスターして くれて
ヨーナ うれしい!
あはは…

あはは…

じゃあ、ここでおさらい
作者《さくしゃ》は状況《じょうきょう》や登場人物《とうじょうじんぶつ》の気持《きも》ちをわかりやすく伝《つた》えるために、しばしば「ような言葉《ことば》」を使《つか》って表現《ひょうげん》する。「ような言葉《ことば》」の後《あと》に気持《きも》ちを表《あらわ》す言葉《ことば》や、顔《かお》つき・動作《どうさ》が続《つづ》いている場合《ばあい》は、登場人物《とうじょうじんぶつ》の気持《きも》ちを表《あらわ》すことが多《おお》い。

みんな「ような言葉《ことば》」がわかったかな？

は～い！

じゃあ ヒユ・ヨーナと 同化《どうか》しよう
これからは みんなと一緒《いっしょ》よ
ウフ♥
でも、クネクネ したくないなぁ
大丈夫《だいじょうぶ》! 男《おとこ》の子《こ》には 何《なに》もしないから
え？
じゃあ…
同化《どうか》よ!
ポンッ
ポンッ
ヒユ・ヨーナが 入《はい》ってきた
もぞもぞして 変《へん》な感《かん》じです

そんなこと言《い》ったら
ぼく泣《な》いちゃう～
くね
くね
!!!
くね
くね
くね
くね
あれ～
やっぱりぼくに
移《うつ》っちゃったよ～！
あはは…
これで２人はスケモンを
１匹《ぴき》ゲットしたってわけ
７匹《ひき》ゲット
したら物語文《ものがたりぶん》の
読解《どっかい》マスターに
なれるからお楽《たの》しみに

2 時間目《じかんめ》

「クッツキ言葉《ことば》」は気持《きも》ちを読《よ》み取《と》るカギとなる。

2時間目《じかんめ》は気持《きも》ちを読《よ》み取《と》るカギとなる「クッツキ言葉《ことば》(※)」について説明《せつめい》しよう。
?
クッツキ言葉《ことば》って何《なん》ですか？
これを見《み》てごらん
ぼくは国語《こくご》のテストで50点《てん》を取《と》った。
ここから「ぼく」の気持《きも》ちはわかるかな？
う〜んよくわからないな
気持《きも》ちが表現《ひょうげん》されていないからね。では、これならどうだろう
ぼくは国語《こくご》のテストでなんとか50点《てん》を取《と》った。
あ、わかるよ。これまで国語《こくご》のテストが悪《わる》かったけど頑張《がんば》って50点《てん》取《と》れたんでホッとしているんだ
ホッ…

(※)「クッツキ言葉《ことば》」はあくまで本書《ほんしょ》における呼《よ》び名《な》であり、一般的《いっぱんてき》な国語学習《こくごがくしゅう》において学《まな》ぶ連用修飾語《れんようしゅうしょくご》と重《かさ》なる部分《ぶぶん》もあります。

さすがだね
えっへん
こういうのなら得意《とくい》だよ
このなんとかは「50点《てん》を取《と》った」という行為《こうい》（動作《どうさ》）を説明《せつめい》した言葉《ことば》だけど、この言葉《ことば》を入《い》れるだけで「ぼく」のホッとした気持《きも》ちが伝《つた》わるだろ。
物語文《ものがたりぶん》では人物《じんぶつ》の動作《どうさ》が書《か》かれているから動作《どうさ》を説明《せつめい》した言葉《ことば》に注目《ちゅうもく》すれば気持《きも》ちがわかるんだ。これが「クッツキ言葉《ことば》」だよ
どうしてクッツキなんですか？
動作《どうさ》を表《あらわ》す言葉《ことば》（動詞《どうし》）にくっついてるからだよ。一見《いっけん》いらないようだけど気持《きも》ちを読《よ》み取《と》る上《うえ》でとても重要《じゅうよう》なんだ
なるほど

では、この文章《ぶんしょう》に
クッツキ言葉《ことば》はあるかな？
姉《あね》がドアを開《あ》けて
ぼくの部屋《へや》に入《はい》って来《き》た。
ないですね
ここに
クッツキ言葉《ことば》を入れてみよう
姉《あね》が乱暴《らんぼう》にドアを開《あ》けて
ぼくの部屋《へや》に入《はい》って来《き》た。
わっ！
なんか怒《おこ》っている
感《かん》じがしますね
ヒッ
バン!!
乱暴《らんぼう》には
怒《おこ》っている
だけじゃなくて、
慌《あわ》てているとか、
焦《あせ》っているとかも
考《かんが》えられるね
こ、
こわいよ〜
ははは
ともかく、
動作《どうさ》を説明《せつめい》した言葉《ことば》を
加《くわ》えるだけで気持《きも》ちが
表現《ひょうげん》できるんだ

は〜
なるほどね
ほっ
じゃあ少《すこ》し練習《れんしゅう》をしてみようか。次《つぎ》の文章《ぶんしょう》からクッツキ言葉《ことば》をさがしてごらん
(1)お母《かあ》さんに怒《おこ》られるので、ぼくはしぶしぶゲームをやめた。
(2)先生《せんせい》は、泣《な》きそうになっているぼくの肩《かた》にそっと手《て》をのせた。
(3)次郎《じろう》は、いたずらをした弟《おとうと》のお尻《しり》を思《おも》い切《き》りつねった。
(4)タツヤがケイちゃんの腕《うで》を引《ひ》っぱると、ケイちゃんは「やめてよ」と甘《あま》えた声《こえ》で言《い》った。
いきなり言《い》われてもできないよ
フフ
そういう時《とき》のためにスケモンがいるんだ
わ、また出《で》てくるんだね!
ぱあっ
クッツキ言葉《ことば》の専門家《せんもんか》はクッツーキというんだ
でも、ちゃんと教《おし》えてくれるかな
どういうことですか?
クッツーキはちょっと性格《せいかく》がね…

ポチッ
とにかく呼《よ》んでみようか
出《い》でよクッツーキ！
ポン！！
これがクッツーキ…
ごろ〜ん
態度《たいど》の悪《わる》いやつだな

クッツーキ、みんなにクッツキ言葉《ことば》の探《さが》し方《かた》を教《おし》えてくれるかな？
フン
しーん…
え　どうしたの？
ひそひそ
クッツーキは、みんながクッツキ言葉《ことば》の大切《たいせつ》さを理解《りかい》しないのでふてくされてるんだよ
ポリポリ
まったく困《こま》ったもんだよ
ぼそっ…
人《ひと》は動作《どうさ》によって気持《きも》ちを表《あらわ》すから
動作《どうさ》にくっつく言葉《ことば》が大事《だいじ》だって何度《なんど》も言《い》ってるのに…
ぶつぶつ…
ムスーーーッ

そんなことないですよ！今《いま》、先生《せんせい》からクッツキ言葉《ことば》の大切《たいせつ》さを教《おそ》わりましたから
そうだよ！ぼくだってクッツキ言葉《ことば》が気持《きも》ちを表《あらわ》すってわかったんだから
むくっ
ほんと？
コクコク
ほんとです
ふふっ
仕方《しかた》がないなあ
じゃあ教《おし》えてやるか
スクッ
クッツキ言葉《ことば》の見分《みわ》け方《かた》は簡単《かんたん》なんだ。これを見《み》てごらん

誰《だれ》が＋どのようにして＋動作《どう さ》をした
これがクッツキ言葉《こと ば》になる。
文章《ぶんしょう》は
大体《だいたい》こうなってるだろ。
このどのようにしての部分《ぶぶん》が
クッツキ言葉《こと ば》になるから
必《かなら》ず動作《どう さ》を表《あらわ》す言葉《こと ば》より
前《まえ》にあるんだ。
そして、
このどのようにしては
「誰《だれ》が」の気持《き も》ちを読《よ》み解《と》く
カギになるんだよ
最初《さいしょ》の例文《れいぶん》に
あてはめるとこうなるよ
(1)お母《かあ》さんに怒《おこ》られるので、
ぼくはしぶしぶゲームをやめた。
ぼくは＋しぶしぶ＋ゲームをやめた。
誰が
どのようにして
動作をした
なるほど！
「ゲームをやめた」の前《まえ》にある
しぶしぶがクッツキ言葉《こと ば》に
なって、仕方《し かた》なくゲームを
やめた「ぼく」の気持《き も》ちが
表《あらわ》れてるんですね

これならぼくでもわかるよ
キ キ
ほんとかなぁ
ほんとほんと!
ふ〜んじゃあ、(2)をやってみて
簡単《かんたん》だよこうだね!
(2)先生《せんせい》は、泣《な》きそうになっているぼくの肩《かた》にそっと手《て》をのせた。
誰《だれ》が　先生《せんせい》は、
どのようにして　(泣《な》きそうになっているぼくの肩《かた》に)そっと
動作《どうさ》をした　手《て》をのせた。
へへへ
キ
「手《て》をのせた」の前《まえ》にあるそっとがクッツキ言葉《ことば》になって「先生《せんせい》」の優《やさ》しい気持《きも》ちが表《あらわ》れてるんですね
へ〜じゃあ、残《のこ》りの2つも説明《せつめい》しておくからよく読《よ》んでね

(3)次郎《じろう》は、いたずらをした弟《おとうと》のお尻《しり》を思《おも》い切《き》りつねった。

誰《だれ》が
次郎《じろう》は＋（いたずらをした弟《おとうと》のお尻《しり》を）＋思《おも》い切《き》り＋つねった。
どのようにして　**動作《どうさ》をした**

「つねった」の前《まえ》にある思《おも》い切《き》りがクッツキ言葉《ことば》となって、「次郎《じろう》」の強《つよ》い怒《いか》りが表現《ひょうげん》されている。

(4)タツヤがケイちゃんの腕《うで》を引《ひ》っぱると、ケイちゃんは「やめてよ」と甘《あま》えた声《こえ》で言《い》った。

誰《だれ》が
ケイちゃんは＋（「やめてよ」と）＋甘《あま》えた声《こえ》で＋言《い》った。
どのようにして　**動作《どうさ》をした**

「言《い》った」の前《まえ》にある甘《あま》えた声《こえ》でがクッツキ言葉《ことば》となって、「ケイちゃん」の「やめてよ」という言葉《ことば》とは裏腹《うらはら》に嫌《いや》がっていない気持《きも》ちが表現《ひょうげん》されている。

なるほどね
動作《どうさ》を説明《せつめい》するクッツキ言葉《ことば》によって気持《きも》ちがうまく表現《ひょうげん》されてますね

ほんとにわかってるの？
もちろんです
うんうん

まぁ、いいや。
クッツキ言葉《ことば》には
他《ほか》にもこういうのが
あるから
覚《おぼ》えておいてね
「〜ながら」
「〜まま」
「〜ず(に)」
「〜(し)て」などが
あったら
クッツキ言葉《ことば》と
考《かんが》えていいよ

★「〜ながら」

・主人《しゅじん》を見《み》つけた子犬《こいぬ》が、尻尾《しっぽ》を振《ふ》りながら駆《か》け寄《よ》ってきた。

・主人《しゅじん》を見《み》つけた子犬《こいぬ》が、＋尻尾《しっぽ》を振《ふ》りながら＋駆《か》け寄《よ》ってきた。
誰が　どのようにして　動作をした

「駆《か》けよって来《き》た」の前《まえ》にある「尻尾《しっぽ》を振《ふ》りながら」がクッツキ言葉《ことば》となって、「主人《しゅじん》を見《み》つけた子犬《こいぬ》」の喜《よろこ》びが表《ひょう》現《げん》されている。

★「〜まま」

・お母《かあ》さんは、ぼくのほっぺたをつねったまま玄関《げんかん》に向《む》かった。

・お母《かあ》さんは、＋ぼくのほっぺたをつねったまま＋玄関《げんかん》に向《む》かった。
誰が　どのようにして　動作をした

「玄関《げんかん》に向《む》かった」の前《まえ》にあるぼくのほっぺたをつねったままがクッツキ言葉《ことば》となって、「お母《かあ》さん」のぼくに対《たい》する強《つよ》い怒《いか》りが表現《ひょうげん》されている。

★「〜ず(に)」

・父《ちち》はぼくが手伝《てつだ》わなくても、いやな顔《かお》ひとつせず仕事《しごと》を続《つづ》けた。

・父《ちち》は＋(ぼくが手伝《てつだ》わなくても)、いやな顔《かお》ひとつせず＋仕事《しごと》を続《つづ》けた。
誰が　どのようにして　動作をした

「仕事《しごと》を続《つづ》けた」の前《まえ》にあるいやな顔《かお》ひとつせずがクッツキ言葉《ことば》となって、「父《ちち》」の不満《ふまん》を持《も》っていない気持《きも》ちが表《ひょう》現《げん》されている。

★「〜(し)て」

・先生《せんせい》が「この問題《もんだい》がわかる人《ひと》はいるかな」と言《い》うので、ぼくは高《たか》く手《て》をあげて返事《へんじ》をした。

・ぼくは＋高《たか》く手《て》をあげて＋返事《へんじ》をした。
誰が　どのようにして　動作をした

「返事《へんじ》をした」の前《まえ》にある「高《たか》く手《て》をあげて」がクッツキ言葉《ことば》となって、問題《もんだい》が解《と》けて得意《とくい》になっている「ぼく」の気持《きも》ちが表現《ひょうげん》されている。

つまり動作《どうさ》を表《あらわ》す言葉《ことば》より前《まえ》にあって、どのようにしてと動作《どうさ》を説明《せつめい》していればクッツキ言葉《ことば》と考《かんが》えていいんですね
そういうこと！
じゃあ、次《つぎ》の問題《もんだい》をクッツキ言葉《ことば》に注意《ちゅうい》して解《と》いてごらん。ただし、クッツキ言葉《ことば》はセリフ以外《いがい》にある場合《ばあい》が多《おお》いからセリフの中《なか》は探《さが》さなくてもいいからね

次《つぎ》の文章《ぶんしょう》を読《よ》んで後《あと》の問《と》いに答《こた》えなさい

次郎《じろう》が両親《りょうしん》を亡《な》くしてから、それまであまりつきあいのなかった近所《きんじょ》の人《ひと》が、面倒《めんどう》を見《み》てくれるようになった。中《なか》でも呉服屋《ごふくや》の誠一《せいいち》郎《ろう》さんは、何《なに》かにつけてたずねてきた。誠一《せいいち》郎《ろう》さんに次郎《じろう》と同《おな》い年《どし》の子《こ》がいるためだろうか、先日《せんじつ》など自分《じぶん》で作《つく》ったうどんをわざわざ鍋《なべ》ごと持《も》ってきて、

「さぁ、食《た》べなさい」

と、しきりにすすめてくれた。いろんな野菜《やさい》や肉《にく》まではいった栄養満点《えいようまんてん》のうどんだった。次郎《じろう》が恐縮《きょうしゅく》しながらうどんをすすっている
と、

「これから大変《たいへん》だよな」

誠一郎《せいいちろう》さんはしんみり言《い》った。

問　誠一郎《せいいちろう》さんの次郎《じろう》に対《たい》する思《おも》いとして最《もっと》も適当《てきとう》なものを次《つぎ》の中《なか》から選《えら》び、記号《きごう》で答《こた》えなさい。

ア　両親《りょうしん》を失《うしな》った次郎《じろう》をかわいそうに思《おも》いながらも、しかたなく面倒《めんどう》を見《み》ている。

イ　両親《りょうしん》を失《うしな》った次郎《じろう》の面倒《めんどう》を見《み》ないと、良心《りょうしん》に責《せ》められると思《おも》っている。

ウ　両親《りょうしん》を失《うしな》った次郎《じろう》を心《こころ》から心配《しんぱい》して、何《なん》とかしてやりたいと思《おも》っている。

エ　次郎《じろう》が自分《じぶん》の子《こ》と同《おな》い年《どし》なので、次郎《じろう》の面倒《めんどう》を見《み》ないと、自分《じぶん》の子《こ》から責《せ》められると思《おも》っている。

セリフの中《なか》はさがさなくていいんだね
動作《どうさ》より前《まえ》にあって「どのようにして」を表《あらわ》す言葉《ことば》だからこんな感《かん》じかしら

次郎《じろう》が両親《りょうしん》を亡《な》くしてから、それまであまりつきあいのなかった近所《きんじょ》の人《ひと》が、面倒《めんどう》を見《み》てくれるようになった。中《なか》でも呉服屋《ごふくや》の誠一郎《せいいちろう》さんは①何《なに》かにつけてたずねてきた。誠一郎《せいいちろう》さんに次郎《じろう》と同《おな》い年《どし》の子《こ》がいるためだろうか、先日《せんじつ》など自分《じぶん》で作《つく》ったうどんを②わざわざ鍋《なべ》ごと持《も》ってきて、

「さぁ、食《た》べなさい」

と③しきりにすすめてくれた。いろんな野菜《やさい》や肉《にく》まではいった栄養満点《えいようまんてん》のうどんだった。

次郎《じろう》が④恐縮《きょうしゅく》しながらうどんをすすっていると、

「これから大変《たいへん》だよな」

誠一郎《せいいちろう》さんは⑤しんみり言《い》った。

※〰〰〰は動作《どうさ》

やるね〜。じゃ、クッツキ言葉《ことば》がどんな気持《きも》ちを表《あらわ》してるかを考《かんが》えてごらん
ほーっ

①②③から誠一郎《せいいちろう》さんが一生懸命《いっしょうけんめい》、次郎君《じろうくん》の面倒《めんどう》を見《み》ているのがわかります。
④の「恐縮《きょうしゅく》しながら」は次郎《じろう》くんの「こんなにしてもらって申《もう》し訳《わけ》ない」という気持《きも》ちを表《あらわ》していますね
うん うん
いい感《かん》じだね
⑤のしんみりってどういうこと
だったら答《こた》えはどれかな？
(ウ)です
「深《ふか》く心《こころ》にしみ入《い》るさま」だよ。
両親《りょうしん》を亡《な》くした次郎君《じろうくん》のことを誠一郎《せいいちろう》さんは心《こころ》から心配《しんぱい》してるんだ
イェ〜イ！
すごい正解《せいかい》だ！

ゲズッ
あれ
どうしたの？
クッツキ言葉《ことば》の
意味《いみ》をわかって
もらったのは
初《はじ》めてなんだ
ボク
嬉《うれ》しいよ
……
ジーン……
よかったね
じゃあ、最後《さいご》の問題《もんだい》に
挑戦《ちょうせん》しようか。
クッツーキの力《ちから》を
借《か》りないで解《と》いてごらん

次《つぎ》の文章《ぶんしょう》を読《よ》んで後《あと》の問《と》いに答《こた》えなさい

高志《たかし》は中学生《ちゅうがくせい》になってから大《おお》きな怪我《けが》をして、大好《だいす》きなサッカーを続《つづ》けられなくなった。高志《たかし》と同級生《どうきゅうせい》で幼《おさな》なじみの「わたし」は高志《たかし》のことが心配《しんぱい》でならない。

大通《おおどお》りに出《で》たところで高志《たかし》を見《み》つけた。高志《たかし》は驚《おどろ》いた顔《かお》をしていたが、すぐに私《わたし》に背《せ》を向《む》けて歩《ある》き始《はじ》めた。

「ちょっと待《ま》ってよ」

声《こえ》をかけてもうつむいたまま返事《へんじ》もしない。わたしは息《いき》を切《き》らせて追《お》いかけるが、高志《たかし》の背中《せなか》は遠《とお》ざかっていく。

高志《たかし》が路地《ろじ》を曲《ま》がろうとして、その姿《すがた》が消《き》えそうになったとき、「もう、知《し》らないから」と大《おお》きな声《こえ》で言《い》うと、高志《たかし》は振《ふ》り向《む》いてかすかに笑《わら》った。

その顔《かお》を見《み》て、わたしはふいに泣《な》きそうになった。小学生《しょうがくせい》の頃《ころ》いつも明《あか》るく元気《げんき》に笑《わら》っていた高志《たかし》とは別人《べつじん》のように見《み》えたのだ。

問　「わたし」は小学生《しょうがくせい》の頃《ころ》の高志《たかし》をどのように思《おも》っていたと考《かんが》えられますか。次《つぎ》の中《なか》から最《もっと》も適当《てきとう》なものを選《えら》び、記号《きごう》で答《こた》えなさい。

ア　温《あたた》かでやさしい人《ひと》
イ　強《つよ》くてたくましい人《ひと》
ウ　勇敢《ゆうかん》でたのもしい人《ひと》
エ　静《しず》かで心《こころ》の安《やす》らぐ人《ひと》
オ　元気《げんき》で陽気《ようき》な人《ひと》

まず、動作《どうさ》を表《あらわ》す言葉《ことば》の前《まえ》から どのようにして を表《あらわ》すクッツキ言葉《ことば》を探《さが》すと、これだね
①（高志《たかし》は）すぐに私《わたし》に背《せ》を向《む》けて
②高志《たかし》はうつむいたまま返事《へんじ》もしない。
③わたしは息《いき》を切《き》らせて追《お》いかけるが
④（わたしが）「もう、知《し》らないから」と大《おお》きな声《こえ》で言《い》うと、
⑤高志《たかし》は振《ふ》り向《む》いてかすかに笑《わら》った。
⑥小学生《しょうがくせい》の頃《ころ》いつも明《あか》るく元気《げんき》に笑《わら》っていた
※〜〜〜〜〜は動作《どうさ》
けっこう多《おお》いな
問題文《もんだいぶん》は『昔《むかし》の高志《たかし》をどのように思《おも》っていたと考《かんが》えられますか』とあるから、昔《むかし》の高志《たかし》くんの様子《ようす》を表《あらわ》したものを選《えら》べばいいんじゃない？
そうか。じゃあ、⑥だけでいいんだ
⑥小学生《しょうがくせい》の頃《ころ》いつも明《あか》るく元気《げんき》に笑《わら》っていた

これなら簡単《かんたん》だよ！
小学生《しょうがくせい》の頃《ころ》は「いつも明《あか》るく元《げん》気《き》に」笑《わら》っていたのだから
(オ)の「元気《げんき》で陽気《ようき》な人《ひと》」だよ
ピンポ～ン！
わかってくれて
ありがとう！
やったぁ！
パチパチ
ボク、うれしくて、
くっついちゃう！
ぴょん！
いい子ね
なでなで

え〜、ぼくにもくっついてほしいな
いいよ〜
ひょん
うっ
ずも…
……
アハハ、そんなわけで2時間目《じかんめ》のおさらい！
ううう…
人《ひと》の動作《どうさ》を、「どのようにして」という形《かたち》で詳《くわ》しく説明《せつめい》している「クッツキ言葉《ことば》」は、気持《きも》ちを読《よ》み取《と》るカギとなる。セリフ以外《いがい》の文章《ぶんしょう》に多《おお》く、動作《どうさ》を表《あらわ》す言葉《ことば》（動詞《どうし》）より前《まえ》にあるので、読《よ》み飛《と》ばさないようにしよう。

それじゃ、同化《どうか》しようか
クッツーキ、同化《どうか》！
キラ
バッ
クッツーキ！
キラ
ポンッ
ポンッ
わっ
クッツーキが入《はい》ってきた！
はっ
なんか、物語文《ものがたりぶん》を読《よ》むポイントがわかった気《き》がします
コクリ
動作《どうさ》を表《あらわ》す言葉《ことば》の前《まえ》には…

気持《きも》ちを表《あらわ》す
クッツキ言葉《ことば》がある!!
はい
よくできました!
ひょこっ
ニコッ

3 時《じ》間《かん》目《め》

「カラダ言葉《ことば》」に注目《ちゅうもく》すると、登場人物《とうじょうじんぶつ》の気持《きも》ちが楽《らく》にわかる。

それでは3時間目《じかんめ》に入《はい》ってみよう
気持《きも》ちを表《あらわ》すのは「ような言葉《ことば》」や「クッツキ言葉《ことば》」だけじゃなくて、「カラダ言葉《ことば》(※)」もあるんだ
「カラダ言葉《ことば》」って何《なん》ですか?
?
体《からだ》の一部《いちぶ》を使《つか》って気持《きも》ちを表《あらわ》す言葉《ことば》だよ。人《ひと》の気持《きも》ちは表情《ひょうじょう》や体《からだ》の動《うご》きに出《で》るから、「カラダ言葉《ことば》」に注目《ちゅうもく》すれば登場人物《とうじょうじんぶつ》の気持《きも》ちがわかるんだ
う〜ん よくわかんないな
詳《くわ》しく説明《せつめい》しようね。次《つぎ》の文章《ぶんしょう》を見《み》てごらん
(1)学年《がくねん》で一番成績《いちばんせいせき》のいいケンタは、勉強《べんきょう》ができることを鼻《はな》にかけている。
(2)友達《ともだち》の描《か》いたマンガのうまさに、ぼくは舌《した》をまいた。
(3)まさかの一回戦負《いっかいせんま》けに、メンバー全員《ぜんいん》が肩《かた》を落《お》とした。
(1)〜(3)の文章《ぶんしょう》の中《なか》にはそれぞれ「カラダ言葉《ことば》」があるんだ。どれかわかるかな?

(※)「カラダ言葉《ことば》」とはあくまで本書《ほんしょ》における呼《よ》び名《な》であり、一般的《いっぱんてき》な国語学習《こくごがくしゅう》においては慣用句《かんようく》の1つとして学《まな》びます。

えっと…「カラダ言葉《ことば》」は体《からだ》の一部《いちぶ》を使《つか》った言葉《ことば》だから…。
あ、これですね
(1)学年《がくねん》で一番成績《いちばんせいせき》のいいケンタは、勉強《べんきょう》ができることを鼻《はな》にかけている。
(2)友達《ともだち》の描《か》いたマンガのうまさに、ぼくは舌《した》をまいた。
(3)まさかの一回戦《いっかいせん》負《ま》けに、メンバー全員《ぜんいん》が肩《かた》を落《お》とした。
はい、よくできました
これが「カラダ言葉《ことば》」なの？

そうだよ。

カラダ言葉《ことば》はすべて意味《いみ》が決《き》まっているから、それを覚《おぼ》えておけば気持《きも》ちがわかるんだよ。

ほらこんな風《ふう》にね
(1)学年《がくねん》で一番成績《いちばんせいせき》のいいケンタは、勉強《べんきょう》ができることを鼻《はな》にかけている。
鼻《はな》にかける（自慢《じまん》する）
(2)友達《ともだち》の描《か》いたマンガのうまさに、ぼくは舌《した》をまいた。
舌《した》をまく（驚《おどろ》く、感心《かんしん》する）
(3)まさかの一回戦《いっかいせん》負《ま》けに、メンバー全員《ぜんいん》が肩《かた》を落《お》とした。
肩《かた》を落《お》とす（気落《きお》ちしてがっかりする）

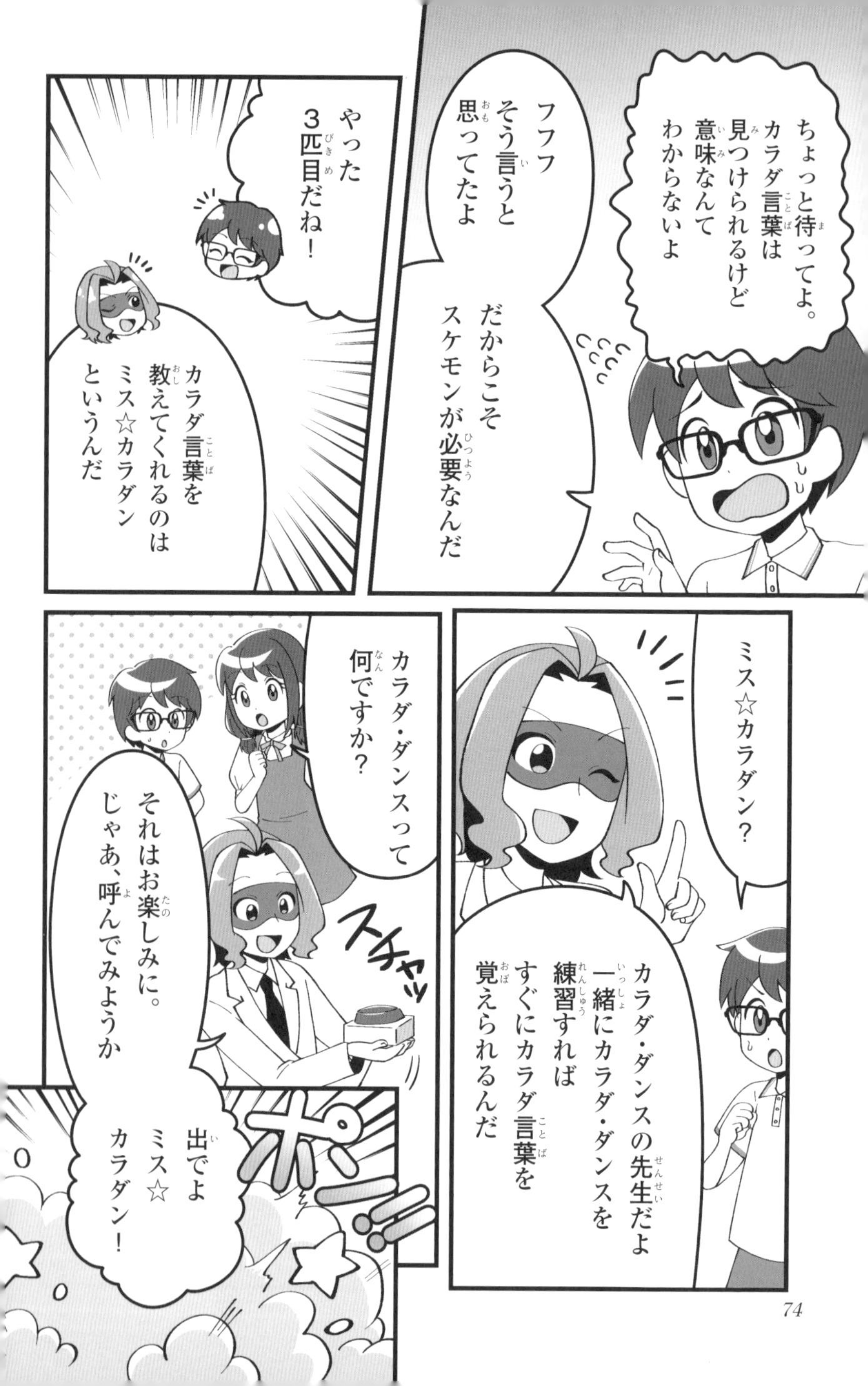

ちょっと待《ま》ってよ。カラダ言葉《ことば》は見《み》つけられるけど意味《いみ》なんてわからないよ
フフフ そう言《い》うと思《おも》ってたよ
だからこそスケモンが必要《ひつよう》なんだ
やった3匹目《びきめ》だね！
カラダ言葉《ことば》を教《おし》えてくれるのはミス☆カラダンというんだ
ミス☆カラダン？
カラダ・ダンスの先生《せんせい》だよ 一緒《いっしょ》にカラダ・ダンスを練習《れんしゅう》すればすぐにカラダ言葉《ことば》を覚《おぼ》えられるんだ
カラダ・ダンスって何《なん》ですか？
それはお楽《たの》しみに。じゃあ、呼《よ》んでみようか
スチャッ
ポン
出《い》でよミス☆カラダン！

ハ〜イ
お呼《よ》びかな
ば
んっ
これがミス☆カラダン…
なんか気が強そう
ミス☆カラダン、よろしく頼《たの》むよ
OKよ
今日《きょう》の生徒《せいと》は君《きみ》たちね
しゃきっ
はは　はい…

ペラペラ
じゃあ、これから
カラダ・ダンスを
始《はじ》めるわよ。
みんな並《なら》んで。
クイックリー《すばやく》よ
ゴトッ
え、どうするの？
あせっ
ここに
来《く》るのよ
おず
おず…
ベリーグッド！
いい感《かん》じね
あ、
先生《せんせい》もよ
パチパチ
え、
私《わたし》も？

先生《せんせい》は生徒《せいと》のお手本《てほん》にならなきゃダメでしょ
さぁ並《なら》んでちょうだい
はぁ…
ダンスはニガテなんだけど
おずおず…
OK!じゃあ、行《い》くわよ。私《わたし》と同《おな》じに動《うご》くの。
アーユーレディ《じゅんびはいい》?
はは、はい…
ミュージック、スタート!
ポチッ

ズンチャッ♪
♪目《め》をむく（怒《おこ》る、驚《おどろ》く）
ズンチャッ
目《め》もくれない（無視《むし》する）
目《め》を細《ほそ》める（うれしくて微笑《ほほえ》む）
フィッ
はい、一緒《いっしょ》にレッツダンス《おどりましょう》！
ズンチャッ
ズンチャッ
♪目《め》をむく（怒《おこ》る、驚《おどろ》く）
カッ
目《め》もくれない（無視《むし》する）
ズンチャッ
目《め》を細《ほそ》める（うれしくて微笑《ほほえ》む）
えーと…
フィッ
続《つづ》けるわよ

♪鼻《はな》で笑《わら》う
（ばかにして笑《わら》う）
ズンチャッ
鼻《はな》が高《たか》い
（誇《ほこ》らしい）
フッ
鼻《はな》であしらう
（そっけない態度《たいど》をとる）
ズンチャッ
もっと元気《げんき》よく〜
胸《むね》が痛《いた》む
（悲《かな》しい、つらい）
♪胸《むね》を打《う》つ
（感動《かんどう》する）
胸《むね》をなでおろす
（ほっとする）
ゼー
これいつまで続《つづ》けるんですか？
基本的《きほんてき》なカラダ言葉《ことば》を覚《おぼ》えるまでよ
ゼー
ゼー
どのくらいあるの？
ドントウォーリー《しんぱいしないで》！
覚《おぼ》えなくちゃいけないのはこれくらいよ

基本的《きほんてき》な「カラダ言葉《ことば》」一覧《いちらん》

顔《かお》

・顔《かお》から火《ひ》が出《で》る（恥《は》ずかしいと思《おも》う）
・顔《かお》がひきつる（緊張《きんちょう》や恐怖《きょうふ》を感《かん》じる）
・顔《かお》をしかめる
（不快《ふかい》に思《おも》う）

眉《まゆ》

・眉《まゆ》を曇《くも》らせる
（心配事《しんぱいごと》があって暗《くら》い表情《ひょうじょう》をする）
・眉《まゆ》をひそめる
（心配事《しんぱいごと》がある　不愉快《ふゆかい》な思《おも》いをする）

目《め》

・目《め》をむく（怒《おこ》る　驚《おどろ》く）
・目《め》を細《ほそ》める（うれしくて微笑《ほほえ》む）
・目《め》もくれない（無視《むし》する）
・目《め》に余《あま》る
（程度《ていど》がひどくて無視《むし》できない）
・目《め》を輝《かがや》かせる
（期待《きたい》する　夢中《むちゅう》になる）

鼻《はな》

・鼻《はな》で笑《わら》う（ばかにして笑《わら》う）
・鼻《はな》であしらう
（そっけない態度《たいど》をとる）
・鼻《はな》が高《たか》い（誇《ほこ》らしい）
・鼻《はな》にかける
（自慢《じまん》する、いい気《き》になる）
・鼻《はな》につく（嫌気《いやけ》がさす）

「カラダ言葉《ことば》」を
覚《おぼ》える時《とき》は「顔《かお》」「目《め》」「鼻《はな》」など
体《からだ》の部位《ぶい》ごとにまとめて
「マイナスイメージ」と
「プラスイメージ」とに分《わ》けて
おくと覚《おぼ》えやすいわよ。
詳《くわ》しくはP90～92の「覚《おぼ》えてお
きたいカラダ言葉《ことば》」を見てね

息《いき》

・息《いき》をこらす（緊張《きんちょう》して、じっとする）
・息《いき》をのむ（はっとして驚《おどろ》く）

舌《した》

・舌《した》を巻《ま》く（感心《かんしん》する）

歯《は》

・歯《は》を食《く》いしばる（我慢《がまん》する）

唇《くちびる》

・唇《くちびる》をかむ（悔《くや》しい思《おも》いをする）

髪《かみ》

・後《うし》ろ髪《がみ》を引《ひ》かれる
（心残《こころのこ》りで振《ふ》り切《き》ることができない）

首《くび》

・首《くび》を長《なが》くする（心待《こころま》ちにする）

のど

・のどから手《て》が出《で》る（欲《ほ》しくてたまらない）

肩《かた》

・肩《かた》を落《お》とす
（気落《きお》ちしてがっかりする）

手《て》

・手《て》に汗《あせ》をにぎる（はらはらする）

胸《むね》

・胸《むね》が痛《いた》む
（悲《かな》しいと思《おも》う　つらいと思《おも》う）
・胸《むね》を打《う》つ（感動《かんどう》する）
・胸《むね》をなでおろす（ほっとする）
・胸《むね》がつぶれる（驚《おどろ》く　悲《かな》しむ）
・胸《むね》がおどる（期待《きたい》してわくわくする）
・胸《むね》がすく
（心《こころ》のつかえがとれてさわやかになる）
・胸《むね》を張《は》る（堂々《どうどう》とする）
・胸《むね》をふくらませる
（希望《きぼう》と期待《きたい》でいっぱいになる）

肝《きも》

・肝《きも》をつぶす（とても驚《おどろ》く）
・肝《きも》を冷《ひ》やす（驚《おどろ》き怖《こわ》い思《おも》いをする）

腹《はら》

・腹《はら》をくくる（覚悟《かくご》を決《き》める）

背《せ》

・背《せ》を向《む》ける（知《し》らん顔《かお》をする　背《そむ》く）

※息《いき》は口《くち》でするものなので「カラダ言葉《ことば》」に含《ふく》めました。

ガーン!!
え〜こんなに〜!?
いきなり全部《ぜんぶ》は…
ぼ、ぼくはもうダメだ…
ヨロヨロ〜
せ、先生《せんせい》…
カラダ・ダンス、こわ〜い!
ち———ん
情《なさ》けないわね
最後《さいご》までやるのやらないの?
やらないとどうなるんですか?
いつまでたっても国語《こくご》ができないまま!
それでもいいの?
ビシッ
ピシッ
や、やります!
フフ、いい子《こ》たちね。
はい、レッツスタート!
ズンチャッ
ズンチャッ…

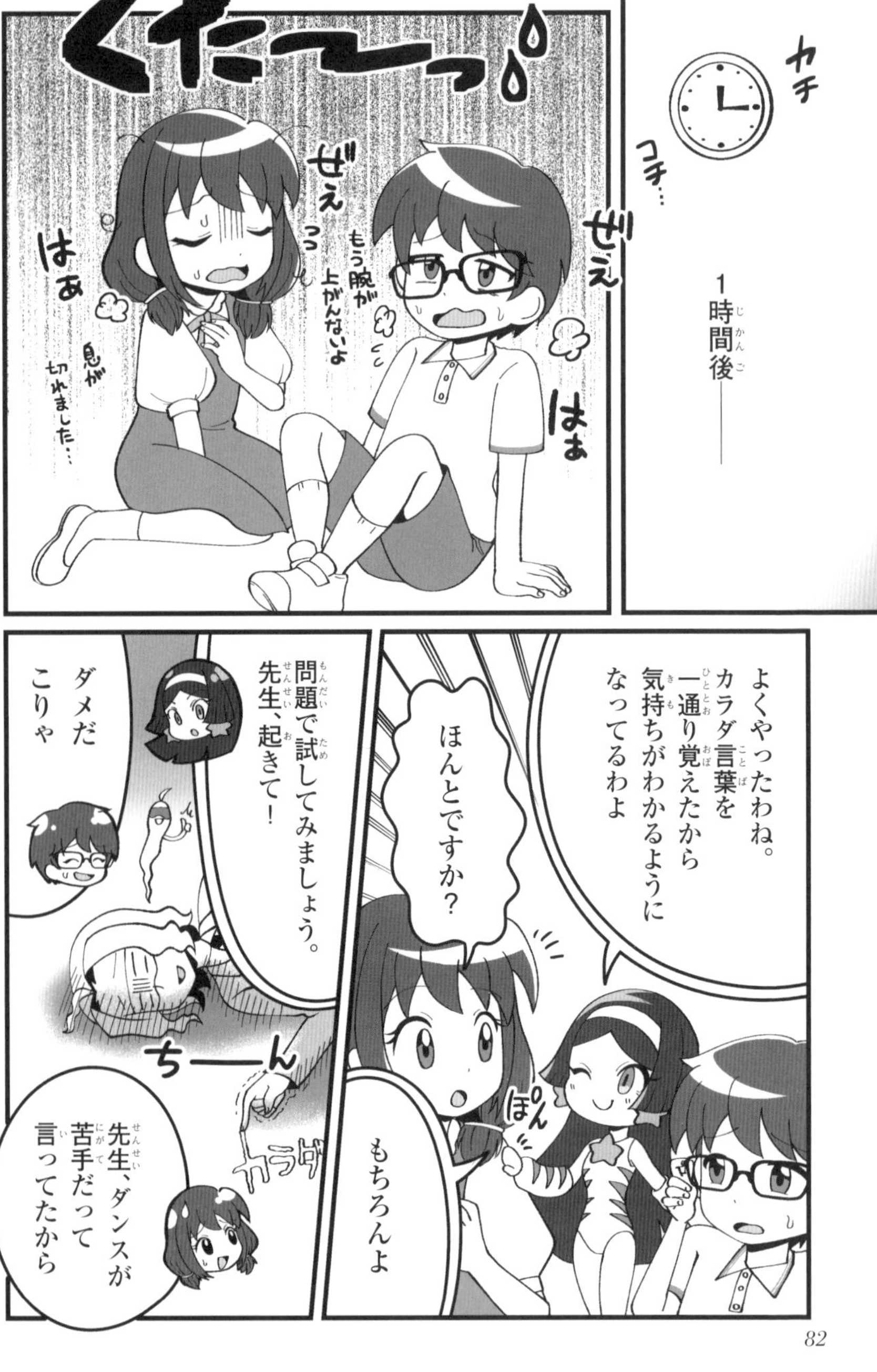

カチ
コチ…
1時間後《じかんご》——
くたーっ
ぜえ
ぜえっ
はぁ
はぁ
もう腕が上がんないよ
息が切れました…
よくやったわね。カラダ言葉《ことば》を一通《ひとお》り覚《おぼ》えたから気持《きも》ちがわかるようになってるわよ
ほんとですか?
ぽん
もちろんよ
問題《もんだい》で試《ため》してみましょう。先生《せんせい》、起《お》きて!
ダメだこりゃ
ちーーん
カラダ
先生《せんせい》、ダンスが苦手《にがて》だって言《い》ってたから

オーマイガッ！《まったくもう》
仕方《しかた》がないから私《わたし》が問題《もんだい》を出《だ》すわよ
この文章《ぶんしょう》を読《よ》んでみて
「もういつもケンカばかりして、おじいちゃんからも何《なに》か言《い》ってやってくださいよ」ぼくが友達《ともだち》とケンカをして帰《かえ》ると、母《はは》はいつも祖父《そふ》に言《い》いつけていた。しかし、祖父《そふ》は怒《おこ》る風《ふう》でもなく、「もちろん勝《か》ったんだろうな」ときいて、ぼくがうなずくと目《め》を細《ほそ》めるのが常《つね》だった。
この文章《ぶんしょう》から祖父《そふ》の気持《きも》ちがわかるかしら？カラダ言葉《ことば》に注目《ちゅうもく》するのよ
これはぼくにもわかるよ
ニコッ
「目《め》を細《ほそ》める」がカラダ言葉《ことば》だね
ぼくがうなずくと目《め》を細《ほそ》めるのが常《つね》だった。
「目《め》を細《ほそ》める」は「うれしくて微笑《ほほえ》む」という意味《いみ》だから「ぼく」がケンカに勝《か》ったことを祖父《そふ》は喜《よろこ》んでるんだ
パチパチ
ベリーグッド！カラダ言葉《ことば》を覚《おぼ》えておくと簡単《かんたん》でしょ
じゃあネクスト《つぎのもんだい》よ

この文章《ぶんしょう》からカラダ言葉《ことば》を探《さが》して「私《わたし》」の気持《きも》ちを答《こた》えてね
自宅《じたく》の電話《でんわ》が鳴《な》ったのは夜《よる》の十時《じ》を過《す》ぎた頃《ころ》だった。私《わたし》はテレビをつけていたが、内容《ないよう》は頭《あたま》に入《はい》らなかった。まだ十歳《じっさい》になったばかりの和樹《かずき》が、塾《じゅく》から帰《かえ》って来《こ》ないのだ。
電話《でんわ》には妻《つま》が出《で》た。
「はい…はい…え？　杉並警察署《すぎなみけいさつしょ》…。たしかに和樹《かずき》なんですね。…ええ、間《ま》違《ちが》いありません」
応対《おうたい》する妻《つま》の声《こえ》を聞《き》き、私《わたし》は眉《まゆ》を曇《くも》らせた。
これも簡単《かんたん》だよ。最後《さいご》にあるカラダ言葉《ことば》の「眉《まゆ》を曇《くも》らせる」は「心配事《しんぱいごと》があって顔《かお》をゆがめる」ことだから、心配《しんぱい》してるんだよ
帰《かえ》ってこない子供《こども》について電話《でんわ》があったので、「私《わたし》」は心配《しんぱい》になっているのね
OK！ 正解《せいかい》よ
カラダ言葉《ことば》を覚《おぼ》えていれば簡単《かんたん》でしょ
うん、自信《じしん》ついちゃた
フフ いい感《かん》じね
じゃあ、次《つぎ》は入試問題《にゅうしもんだい》にチャレンジよ。カラダ言葉《ことば》に注意《ちゅうい》して解《と》いてみてね
うわっ 難《むずか》しそう！

次《つぎ》の文章《ぶんしょう》を読《よ》んで後《あと》の問《と》いに答《こた》えなさい

徹夫《てつお》は小学六年生《しょうがくろくねんせい》の智《さとる》が所属《しょぞく》する少年野球《しょうねんやきゅう》チームの監督《かんとく》をしている。典子《のりこ》は中学二年《ちゅうがくにねん》になる智《さとる》の姉《あね》である。智《さとる》は六年間続《ろくねんかんつづ》けた最後《さいご》の試合《しあい》に行《い》こうとしている。

素振《すぶ》りをつづける智《さとる》に「そろそろ出《で》かけるぞ」と声《こえ》をかけようとしたら、間延《まの》びしたあくびといっしょに典子《のりこ》がリビングに入《はい》ってきた。まだパジャマ姿《すがた》だった。ぼさぼさの髪《かみ》を手《て》ですきながら、目《め》をしょぼつかせて、「おはよう」と気《き》のない声《こえ》で言《い》う。

「おまえ、模試《もし》サボるのか」

「うん、まあね」

「急《いそ》いだら、まだ間《ま》に合《あ》うんじゃないのか」

「いいよ、そんなの。トイレに下《お》りただけだから、もうちょっと寝《ね》るし」

ムッとしかけた徹夫《てつお》をいなすように、典子《のりこ》は庭《にわ》に目《め》をやって「智《さとる》、張《は》り切《き》ってるじゃん」と言《い》った。

「最後《さいご》の試合《しあい》だからな」気《き》を取《と》り直《なお》して返《かえ》す。「模試《もし》に行《い》かないんだったら、応援《おうえん》に来《く》るか？」

①鼻《はな》で笑《わら》われた。

冗談《じょうだん》やめてよ、というふうに。

「試合《しあい》に出《で》るの？　智《さとる》」

「……ベンチに入《はい》ってるんだから、可能性《かのうせい》はあるよ」

「ないじゃん」ぴゃりと。「いつものパターンじゃん、それ」

典子《のりこ》の言《い》うとおりだった。

智《さとる》は、いままで一度《いちど》も試合《しあい》に出《で》ていない。

今日《きょう》も、よほどの大量《たいりょう》リードを奪《うば》うか奪《うば》われるかしないかぎり、チャンスはないだろう。

「最後《さいご》なんだから、出《だ》してやればいいのに」

典子《のりこ》の声《こえ》に、父親《ちちおや》を(*)咎《とが》めるような響《ひび》きはなかった。ごく自然《しぜん》な言《い》い方《かた》で、だからこそ、②胸《むね》が痛《いた》む。

重松清《しげまつきよし》『卒業《そつぎょう》ホームラン』より

(*)咎《とが》める：批判《ひはん》する

問一：傍線部《ぼうせんぶ》①に「鼻《はな》で笑《わら》われた」とありますが、典子《のりこ》はどのように笑《わら》ったのですか。次《つぎ》の中《なか》から最《もっと》も適当《てきとう》なものを選《えら》び、記号《きごう》で答《こた》えなさい。

ア　うれしそうに笑《わら》った。　イ　しかたないように笑《わら》った。　ウ　あざけるように笑《わら》った。

エ　無理《むり》に笑《わら》った。　オ　勢《いきお》いよく笑《わら》った。

問二：傍線部《ぼうせんぶ》②に「胸《むね》が痛《いた》む」とありますが、その時《とき》の徹夫《てつお》の気持《きも》ちとして正《ただ》しいものを次《つぎ》の中《なか》から選《えら》び、記号《きごう》で答《こた》えなさい。

ア　智《さとる》が試合《しあい》に出《で》られないことを、見下《みくだ》しているような典子《のりこ》の態度《たいど》に腹《はら》が立《た》っている。

イ　本当《ほんとう》は智《さとる》を試合《しあい》に出《だ》してやるつもりでいることを、典子《のりこ》が気《き》づいていないと思《おも》っている。

ウ　「最後《さいご》なんだから、出《だ》してやればいいのに」と、典子《のりこ》がはっきり言《い》ったことを不快《ふかい》に感《かん》じている。

エ　典子《のりこ》は智《さとる》を出《だ》さないことを直接責《ちょくせつせ》めているわけではないが、暗《あん》に非難《ひなん》しているように感《かん》じている。

※『卒業《そつぎょう》ホームラン』（「日曜日《にちようび》の夕刊《ゆうかん》」新潮文庫所収《しんちょうぶんこしょしゅう》）

問一《とい》の「鼻《はな》で笑《わら》う」は「ばかにして笑《わら》う」ことだから…
あれ？
フッ
「ばかにして笑《わら》う」がないぞ
あたふた
ぷぷ
(ウ)の「あざけるように笑《わら》った」じゃない？
「バカにする」も「あざける」も同《おな》じ意味《いみ》だから
そうか
ホッ
ニコッ
OK！ 正解《せいかい》よ。これは簡単《かんたん》でしょ
問題《もんだい》は問二《とい》ね。本文《ほんぶん》の内容《ないよう》からも解《と》けるけどカラダ言葉《ことば》に注目《ちゅうもく》して解《と》いてみてね
カラダ言葉《ことば》っていうと、これか
だからこそ胸《むね》が痛《いた》む。
「胸《むね》が痛《いた》む」というのは「悲《かな》しい」「つらい」だっけ？
そうね
だから、(ア)の「腹《はら》が立《た》った」と(ウ)の「不快《ふかい》だった」は違《ちが》うよね

残《のこ》るは(イ)と(エ)だけど『よほどの大量《たいりょう》リードを奪《うば》うか奪《うば》われるかしないかぎり、チャンスはないだろう』ってあるから智《さとる》を試合《しあい》に出《だ》す気《き》はないんだよ
だから(イ)が×になって答《こた》えは(エ)だよ
合《あ》ってると思《おも》うわ
お父《とう》さんは『最後《さいご》なんだから、出《だ》してやればいいのに』って自然《しぜん》に言《い》われたことが咎《とが》められるよりもつらかったのね
どうですか？
OK！ 正解《せいかい》よ ベリーグッドね
やった〜！

キラキラ
カラダ言葉《ことば》に注目《ちゅうもく》すれば気持《きも》ちの読《よ》み取《と》りがラクになるでしょ。わかったかな？
は～い わかりました！
ジュッ
ポンッ!!
じゃあ、これからはいつも一緒《いっしょ》よ。レッツ、同化《どうか》！
わっ
ズンチャ ズンチャ
ミス☆カラダンが入《はい》ってきた
頭《あたま》の中《なか》で音楽《おんがく》が鳴《な》ってる
なんかウキウキするね
ヒョコッ
これで2人《ふたり》ともカラダ言葉《ことば》をマスターしたのよ
ありがとうミス☆カラダン！
先生《せんせい》終《お》わりましたよ
ゆさゆさ
ち～ん…

仕方《しかた》がないなぁ
私《わたし》がまとめるね。3時間目《じかんめ》のおさらい
人《ひと》の気持《きも》ちは顔《かお》つきや動作《どうさ》に現《あらわ》れるので、「カラダ言葉《ことば》」に注目《ちゅうもく》すれば、登場人物《とうじょうじんぶつ》の気持《きも》ちを読《よ》み取《と》ることができる。P90～92の「覚《おぼ》えておきたいカラダ言葉《ことば》」も確認《かくにん》しておこう。
先生《せんせい》！
あ〜、よく寝《ね》たなぁ
すっきりしたよ
のび〜〜
もう終《お》わっちゃったよ
え〜そうなんだ
あーあ もっとカラダ・ダンス踊《おど》りたかったな〜
ヒョコッ
あら 今《いま》からでもOKよ ミュージックかける？
ひえ〜！それだけはかんべん！

覚《おぼ》えておきたいカラダ言葉《ことば》

マイナスイメージ
悲《かな》しかったり、恥《は》ずかしかったりする「嫌《いや》な気持《きも》ち」につながるもの

プラスイメージ
楽《たの》しかったり、うれしかったりする「いい気持《きも》ち」につながるもの

- 頭《あたま》に来《く》る(怒《おこ》って興奮《こうふん》する)
- 頭《あたま》に血《ち》が上《のぼ》る(かっとなって興奮《こうふん》する)
- 頭《あたま》を痛《いた》める(心配《しんぱい》する　悩《なや》む)
- 頭《あたま》を抱《かか》える(思《おも》い悩《なや》む)

- 頭《あたま》が下《さ》がる(敬《うやま》う気持《きも》ちになる)
- 頭《あたま》が低《ひく》い(丁寧《ていねい》な態度《たいど》をとる)
- 頭《あたま》を搾《しぼ》る(じっくり考《かんが》える)
- 頭《あたま》を突《つ》っ込《こ》む(関《かか》わりを持《も》つ)
- 頭《あたま》を捻《ひね》る(思《おも》いをめぐらす　疑問《ぎもん》に思《おも》う)
- 頭《あたま》を冷《ひ》やす(落《お》ち着《つ》いて冷静《れいせい》になる)

- 顔《かお》から火《ひ》が出《で》る(恥《は》ずかしいと思《おも》う)
- 顔《かお》がひきつる(緊張《きんちょう》や恐怖《きょうふ》を感《かん》じる)
- 顔《かお》をおおう(悲《かな》しむ　動揺《どうよう》する)
- 顔《かお》をしかめる(不快《ふかい》に思《おも》う)
- 大《おお》きな顔《かお》をする(いばる)

- 顔《かお》が売《う》れる(有名《ゆうめい》になる)
- 顔《かお》が利《き》く(相手《あいて》に対《たい》して無理《むり》が言《い》える)
- 顔《かお》が揃《そろ》う(出席者《しゅっせきしゃ》が集《あつ》まる)
- 顔《かお》が立《た》つ(立場《たちば》や名誉《めいよ》が守《まも》られる)
- 顔《かお》が広《ひろ》い(知《し》り合《あ》いが多《おお》い)

- 眉《まゆ》に唾《つば》を付《つ》ける(疑《うたが》う。用心《ようじん》する)
- 眉《まゆ》に火《ひ》がつく(危《あぶ》なくなる)
- 眉《まゆ》を曇《くも》らせる(心配事《しんぱいごと》があって暗《くら》い表情《ひょうじょう》になる)
- 眉《まゆ》をひそめる(不愉快《ふゆかい》な思《おも》いをする)
- 眉根《まゆね》を寄《よ》せる(不快《ふかい》な思《おも》いをする)

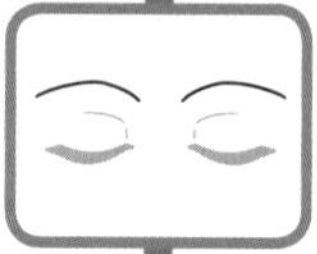

- 眉《まゆ》を伸《の》ぶ(安心《あんしん》する)
- 眉《まゆ》を開《ひら》く(晴《は》れ晴《ば》れとした気分《きぶん》になる)
- 眉《まゆ》を読《よ》む(他人《たにん》の心《こころ》を推《お》し量《はか》る)
- 眉一《まゆひと》つ動《うご》かさない(動揺《どうよう》しない)

- 目《め》が回《まわ》る(忙《いそが》しい)
- 目《め》に余《あま》る(程度《ていど》がひどくて無視《むし》できない)
- 目《め》もくれない(無視《むし》する)
- 目《め》を疑《うたが》う(信《しん》じられない思《おも》いになる)
- 目《め》をむく(怒《おこ》る　驚《おどろ》く)

- 目《め》に入《い》れても痛《いた》くない(とてもかわいく思《おも》う)
- 目《め》をかける(好意《こうい》を持《も》って世話《せわ》をする)
- 目《め》を輝《かがや》かせる(期待《きたい》する　夢中《むちゅう》になる)
- 目《め》を細《ほそ》める(うれしくて微笑《ほほえ》む)

- 鼻《はな》が曲《ま》がる(きつい臭《にお》いがする)
- 鼻《はな》であしらう(そっけない態度《たいど》をとる)
- 鼻《はな》で笑《わら》う(ばかにして笑《わら》う)
- 鼻《はな》にかける(自慢《じまん》する　いい気《き》になる)
- 鼻《はな》につく(嫌気《いやけ》がさす)

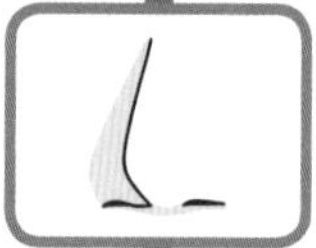

- 鼻《はな》が利《き》く(ものごとに敏感《びんかん》である)
- 鼻《はな》が高《たか》い(誇《ほこ》らしい)
- 鼻《はな》を明《あ》かす(相手《あいて》を出《だ》し抜《ぬ》いて驚《おどろ》かす)
- 鼻《はな》を折《お》る(やりこめる)
- 鼻《はな》を高《たか》くする(誇《ほこ》らしい気持《きも》ちになる)

- 耳《みみ》が痛《いた》い(聞《き》くのがつらい)
- 耳《みみ》が遠《とお》い(聞《き》き取《と》りにくくなる)
- 耳《みみ》に逆《さか》らう(不快《ふかい》に感《かん》じる)
- 耳《みみ》に障《さわ》る(不快《ふかい》に感《かん》じる)
- 寝耳《ねみみ》に水《みず》(突然《とつぜん》の出来事《できごと》に驚《おどろ》く)

- 耳《みみ》が早《はや》い(情報《じょうほう》をすぐに入手《にゅうしゅ》する)
- 耳《みみ》に留《と》める(注意《ちゅうい》して聞《き》く)
- 耳《みみ》を傾《かたむ》ける(人《ひと》の話《はなし》をきちんと聞《き》く)
- 聞《き》き耳《みみ》を立《た》てる(意識《いしき》を集中《しゅうちゅう》して聞《き》こうとする)
- 小耳《こみみ》に挟《はさ》む(偶然《ぐうぜん》、話《はなし》の一部《いちぶ》を聞《き》く)

- 口《くち》がうまい(言《い》うことだけは調子《ちょうし》がいい)
- 口《くち》が重《おも》い(あまり話《はな》さない)
- 口《くち》が軽《かる》い(おしゃべりで、言《い》ってはいけないことを言《い》ってしまう)
- 口《くち》が過《す》ぎる(余計《よけい》なことまで言《い》ってしまう)
- 口《くち》が滑《すべ》る(言《い》ってはいけないことを思《おも》わず言《い》ってしまう)
- 唇《くちびる》をかむ(悔《くや》しい思《おも》いをする)
- 開《あ》いた口《くち》が塞《ふさ》がらない(あきれる)

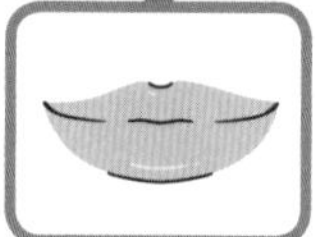

- 口《くち》が掛《か》かる(誘《さそ》われる)
- 口《くち》が堅《かた》い(秘密《ひみつ》を守《まも》る)
- 口《くち》が裂《さ》けても(どんなことがあっても)
- 口《くち》に合《あ》う(好《この》みの食事《しょくじ》で美味《おい》しく思《おも》う)
- 口《くち》にする(言葉《ことば》にする　話《はな》す)
- 口《くち》を利《き》く(仲立《なかだ》ちして話《はなし》を通《とお》す)
- 口《くち》を切《き》る(いちばん先《さき》に話《はな》し始《はじ》める)

- 息《いき》が詰《つ》まる(緊張《きんちょう》する)
- 息《いき》の根《ね》を止《と》める(とどめをさす)
- 息《いき》を殺《ころ》す(気配《けはい》を消《け》して静《しず》かにする)
- ため息《いき》をつく(気《き》落《お》ちして大《おお》きく息《いき》を吐《は》く)
- 息《いき》をこらす(緊張《きんちょう》して、 じっとする)

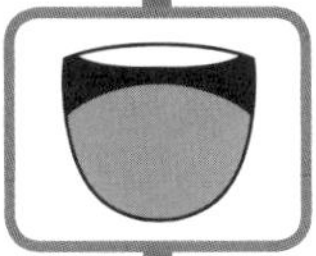

- 息《いき》が合《あ》う(お互《たが》いの気《き》持《も》ちがぴったりする)
- 息《いき》が続《つづ》く(行動《こうどう》などが長《なが》持《も》ちする)
- 息《いき》が長《なが》い(ものごとが長《なが》く続《つづ》く様子《ようす》)
- 息《いき》を抜《ぬ》く(休憩《きゅうけい》する)
- 息《いき》をのむ(はっとして驚《おどろ》く)
- 息《いき》を弾《はず》ませる(興奮《こうふん》や運動《うんどう》をして激《はげ》しい息《いき》づかいをする)

- 舌《した》がもつれる(うまくしゃべれなくなる)
- 舌《した》を出《だ》す(心《こころ》のうちやかげでばかにする)
- 舌《した》を鳴《な》らす(不満《ふまん》に思《おも》う ＊満足《まんぞく》を表《あらわ》す場合《ばあい》もある)
- 筆舌《ひつぜつ》に尽《つ》くしがたい(文章《ぶんしょう》や言葉《ことば》では表現《ひょうげん》できないほど)

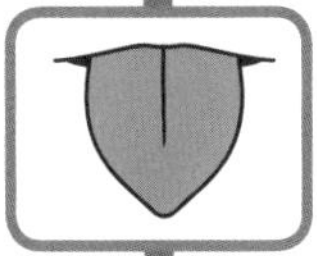

- 舌《した》が回《まわ》る(滑《なめ》らかにしゃべる)
- 舌鼓《したつづみ》を打《う》つ(美《お》味《い》しく食《た》べる)
- 舌《した》を巻《ま》く(感心《かんしん》する)

- 歯《は》が立《た》たない(かなわない)
- 歯《は》がゆい(もどかしい思《おも》いがする)
- 歯《は》の根《ね》が合《あ》わない(恐怖《きょうふ》に震《ふる》える)
- 歯《は》を食《く》いしばる(我慢《がまん》する)
- 奥歯《おくば》に物《もの》が挟《はさ》まる(何《なに》かを隠《かく》しているような言《い》い方《かた》をする)

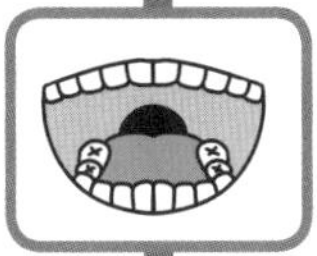

- 歯《は》に合《あ》う(適《てき》している)
- 歯《は》に衣《きぬ》着《き》せぬ(思《おも》ったことを率直《そっちょく》に言《い》う)
- 歯《は》応《ごた》えがある(しっかりとした反応《はんのう》がある)
- 歯《は》止《ど》めをかける(行《い》き過《す》ぎないように止《と》める)
- 白《しろ》い歯《は》を見《み》せる(笑《わら》う)

- あごが干《ひ》上《あ》がる(お金《かね》がなくなる)
- あごで使《つか》う(えらそうに指図《さしず》する)
- あごを出《だ》す(とても疲《つか》れる)

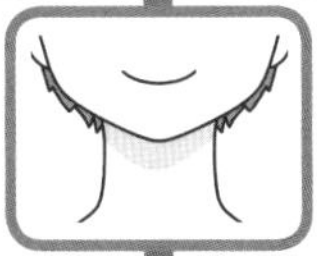

- あごが落《お》ちる(とても美《お》味《い》しく感《かん》じる)
- あごを撫《な》でる(得意《とくい》になる 満足《まんぞく》する)
- あごを外《はず》す(大笑《おおわら》いする)

- 後《うし》ろ髪《がみ》を引《ひ》かれる(心残《こころのこ》りで振《ふ》り切《き》ることができない)
- 危機一髪《ききいっぱつ》(とても危《あぶ》ない状態《じょうたい》)
- 毛《け》の生《は》えた(ほんの少《すこ》し多《おお》いだけ)
- 怒髪冠《どはつかんむり》を衝《つ》く(ひじょうに怒《おこ》る)
- 身《み》の毛《け》がよだつ(とても怖《こわ》い思《おも》いをする)

- 間髪《かんぱつ》を容《い》れず(すぐに)
- 毛《け》ほど(少《すこ》しだけ)
- 毛色《けいろ》の変《か》わった(他《た》とは違《ちが》う 特色《とくしょく》がある)

- 首《くび》が回《まわ》らない(お金《かね》が払《はら》えない)
- 首《くび》に縄《なわ》を付《つ》ける(むりやり連《つ》れて行《い》く)
- 首《くび》を傾《かし》げる(疑問《ぎもん》に感《かん》じる)
- 首《くび》を捻《ひね》る(不審《ふしん》に思《おも》い考《かんが》え込《こ》む)
- 首《くび》を横《よこ》に振《ふ》る(反対《はんたい》する)

- 首《くび》の皮一枚《かわいちまい》(わずかに望《のぞ》みがある)
- 首《くび》を賭《か》ける(命《いのち》がけで取《と》り組《く》む)
- 首《くび》を縦《たて》に振《ふ》る(賛成《さんせい》する 承知《しょうち》する)
- 首《くび》を突《つ》っ込《こ》む(ものごとにかかわる)
- 首《くび》を長《なが》くする(心待《こころま》ちにする)

- のどが渇《かわ》く(うらやんで欲《ほ》しがる)
- のど元《もと》過《す》ぎれば熱《あつ》さを忘《わす》れる(大変《たいへん》な出《で》来《き》事《ごと》もしばらくすると忘《わす》れてしまう)

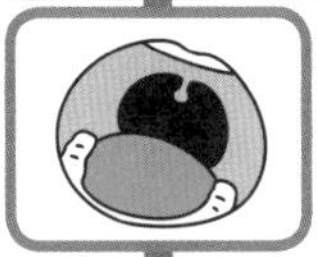

- のどから手《て》が出《で》る(欲《ほ》しくてたまらない)
- のどが鳴《な》る(美《お》味《い》しそうな料理《りょうり》を見《み》て食《た》べたくなる)

- 肩《かた》で息《いき》をする(疲《つか》れて苦《くる》しがる)
- 肩《かた》で風《かぜ》を切《き》る(えらそうにする)
- 肩《かた》を落《お》とす(気《き》落《お》ちしてがっかりする)
- 肩《かた》をすくめる(ばつの悪《わる》い気《き》持《も》ちになる)
- 肩《かた》をすぼめる(元気《げんき》がなくなる 引《ひ》け目《め》を感《かん》じる)
- 肩《かた》透《す》かしを食《く》う(期待《きたい》はずれな気《き》持《も》ちになる)

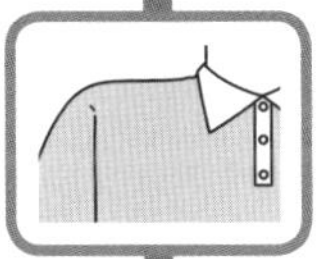

- 肩《かた》が軽《かる》くなる(ほっとして気《き》持《も》ちが楽《らく》になる)
- 肩《かた》の力《ちから》を抜《ぬ》く(リラックスする)
- 肩《かた》の荷《に》が下《お》りる(仕事《しごと》などをやり終《お》えて気《き》持《も》ちが楽《らく》になる)
- 肩《かた》を貸《か》す(助《たす》ける)
- 肩《かた》を並《なら》べる(同《おな》じ地位《ちい》や対等《たいとう》な関係《かんけい》になる)
- 肩《かた》を持《も》つ(争《あらそ》いや競争《きょうそう》をしている片方《かたほう》の味方《みかた》をする)

- 手《て》が掛《か》かる（手間《てま》が多《おお》くかかる）
- 手《て》が付《つ》けられない（どうしようもない）
- 手《て》に汗《あせ》を握《にぎ》る（はらはらする）
- 手《て》に余《あま》る（能力《のうりょく》を超《こ》えるのでどうすることもできない）
- 手《て》に負《お》えない（対応《たいおう》できない）
- 手《て》を引《ひ》く（してきたことをやめる）

- 手《て》が上《あ》がる（うまくやれるようになる）
- 手《て》が空《あ》く（何《なに》かをする時間《じかん》ができる）
- 手《て》が届《とど》く（配慮《はいりょ》がされて行《ゆ》き届《とど》く）
- 手《て》が早《はや》い（すぐに実行《じっこう》する）
- 手《て》を組《く》む（仲間《なかま》になり協力《きょうりょく》する）
- 手《て》を広《ひろ》げる（いろいろなことをする）

- 胸《むね》が痛《いた》む（悲《かな》しいと思《おも》う　つらいと思《おも》う）
- 胸《むね》が騒《さわ》ぐ（不安《ふあん》になる）
- 胸《むね》が締《し》め付《つ》けられる
  （不安《ふあん》や悲《かな》しみで胸《むね》が苦《くる》しくなる）
- 胸《むね》がつぶれる（驚《おどろ》く　悲《かな》しむ）
- 胸《むね》がつまる（心配事《しんぱいごと》で胸《むね》が苦《くる》しくなる）
- 胸《むね》が張《は》り裂《さ》ける（とても悲《かな》しくなる）
- 胸《むね》が塞《ふさ》がる（暗《くら》い気持《きも》ちになる）

- 胸《むね》が熱《あつ》くなる（感動《かんどう》する）
- 胸《むね》が一杯《いっぱい》になる（感情《かんじょう》が高《たか》ぶる）
- 胸《むね》がおどる（期待《きたい》してわくわくする）
- 胸《むね》がすく（心《こころ》のつかえがとれてさわやかになる）
- 胸《むね》を打《う》つ（感動《かんどう》する）
- 胸《むね》を焦《こ》がす（いちずに恋《こい》する）
- 胸《むね》をなでおろす（ほっとする）
- 胸《むね》を張《は》る（堂々《どうどう》とする）
- 胸《むね》をふくらませる（希望《きぼう》と期待《きたい》でいっぱいになる）

- 腹《はら》が痛《いた》む（自分《じぶん》のお金《かね》を払《はら》う）
- 腹《はら》が黒《くろ》い（悪《わる》だくみをする性質《せいしつ》である）
- 腹《はら》が立《た》つ（怒《おこ》る）
- 腹《はら》に据《す》えかねる（怒《いか》りがおさまらない）
- 腹《はら》を探《さぐ》る（相手《あいて》の考《かんが》えを知《し》ろうとする）
- 腑《ふ》に落《お》ちない（納得《なっとく》できない）
- 肝《きも》をつぶす（とても驚《おどろ》く）
- 肝《きも》を冷《ひ》やす（驚《おどろ》き怖《こわ》い思《おも》いをする）

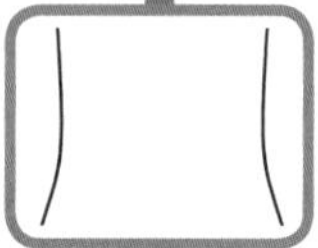

- 腹《はら》が癒《い》える（怒《いか》りや恨《うら》みがおさまり、気分《きぶん》がよくなる）
- 腹《はら》が決《き》まる（決心《けっしん》する）
- 腹《はら》が据《す》わる（覚悟《かくご》ができている）
- 腹《はら》が太《ふと》い（心《こころ》が広《ひろ》い）
- 腹《はら》を抱《かか》える（大笑《おおわら》いする）
- 腹《はら》をくくる（覚悟《かくご》を決《き》める）
- 腹《はら》を割《わ》る（本音《ほんね》を話《はな》す　打《う》ち解《と》ける）
- 肝《きも》がすわる（落《お》ち着《つ》いている）

- へそで茶《ちゃ》を沸《わ》かす
  （おかしくてたまらない　ばかばかしい）
- へそを曲《ま》げる
  （不機嫌《ふきげん》になり言《い》うことを聞《き》かなくなる）
- ほぞを噛《か》む（後悔《こうかい》する）

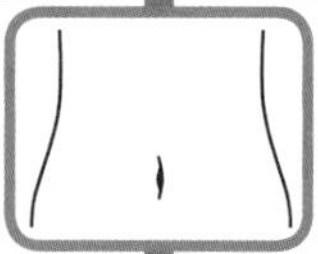

- ほぞを固《かた》める（決心《けっしん》する）
- へそくる（人《ひと》に知《し》られないようにお金《かね》を貯《た》める）

- 背《せ》を向《む》ける（知《し》らん顔《かお》をする　背《そむ》く）
- 背《せ》に腹《はら》はかえられぬ
  （仕方《しかた》なくやるしかないと考《かんが》える）
- 背負《せお》い投《な》げを食《く》う（裏切《うらぎ》られる）
- 背筋《せすじ》が寒《さむ》くなる（怖《こわ》くてぞっとする）
- 背水《はいすい》の陣《じん》（後《あと》がないと覚悟《かくご》を決《き》めて戦《たたか》う）
- どんぐりの背比《せいくら》べ（似《に》たり寄《よ》ったりの状態《じょうたい》）

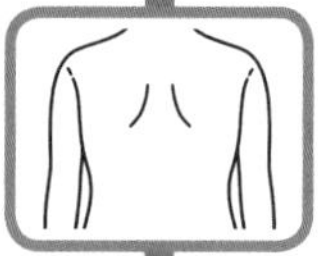

- 背中《せなか》が見《み》える（目標《もくひょう》に追《お》いつけそうになる）
- 背中《せなか》を追《お》う（目標《もくひょう》にする）
- 背負《せお》って立《た》つ（責任《せきにん》のある立場《たちば》になる）
- 眼光紙背《がんこうしはい》に徹《てっ》す（深《ふか》い意味《いみ》まで読《よ》み取《と》る）

- 足《あし》が重《おも》い（行《い》きたくない。やりたくない）
- 足《あし》がすくむ（恐怖《きょうふ》で動《うご》けなくなる）
- 足《あし》が出《で》る（予算《よさん》をオーバーする）
- 足《あし》が遠《とお》のく（訪《おとず》れなくなる）
- 足《あし》を引《ひ》っ張《ぱ》る（じゃまをする　妨害《ぼうがい》する）
- 足《あし》を棒《ぼう》にする（疲《つか》れるほど歩《ある》き回《まわ》る）
- 揚《あ》げ足《あし》をとる（ささいな間違《まちが》いを指摘《してき》する）

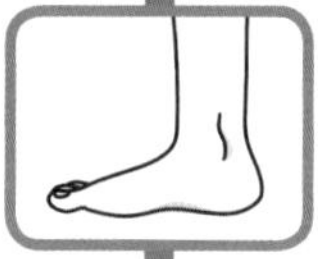

- 足《あし》に任《まか》せる（あてもなく気分《きぶん》のままに歩《ある》く）
- 足《あし》を洗《あら》う（悪《わる》いことをしなくなる）
- 足《あし》を使《つか》う（動《うご》き回《まわ》る）
- 足《あし》を延《の》ばす（最初《さいしょ》に予定《よてい》していた所《ところ》より遠《とお》くまで行《い》く）
- 足《あし》を運《はこ》ぶ（行《い》く　訪《おとず》れる）
- 地《ち》に足《あし》を付《つ》ける（現実的《げんじつてき》にものごとを進《すす》めていく）
- ひざを打《う》つ（感心《かんしん》する　称賛《しょうさん》する）
- ひざを交《まじ》える（打《う》ち解《と》けて仲《なか》よくなる）

※プラスイメージ、マイナスイメージは文脈《ぶんみゃく》などによって異《こと》なることがあります。
※それぞれのカラダ言葉《ことば》（慣用句《かんようく》）には、上記以外《じょうきいがい》の意味《いみ》もあります。

第《だい》2章《しょう》

物語文《ものがたりぶん》特有《とくゆう》の構成《こうせい》に注意《ちゅうい》して 登場人物《とうじょうじんぶつ》の気持《きも》ちを読《よ》み取《と》ろう！

第《だい》1章《しょう》では特定《とくてい》の言葉《ことば》に注目《ちゅうもく》して登場人物《とうじょうじんぶつ》の気持《きも》ちを読《よ》み取《と》る方法《ほうほう》を学《まな》んだけれど、どんな言葉《ことば》だったか覚《おぼ》えているかな？
はい
①「ような言葉《ことば》」
クッツーキ
ヒュ・ヨーナ
②「クッツキ言葉《ことば》」
ミス☆カラダン
③「カラダ言葉《ことば》」です
そうだね。第《だい》1章《しょう》は特定《とくてい》の言葉《ことば》に注目《ちゅうもく》すればよかったから簡単《かんたん》だったんじゃないかな
うん ぼくでもわかったよ

では、第《だい》2章《しょう》は物語文《ものがたりぶん》の構成《こうせい》に
注意《ちゅうい》して気持《きも》ちを読《よ》み取《と》る
方法《ほうほう》を説明《せつめい》しよう
実《じつ》は物語文《ものがたりぶん》には
特有《とくゆう》の表現《ひょうげん》や
組《く》み立《た》て方《かた》があるんだ。
物語文《ものがたりぶん》の読解《どっかい》は
ここからが本番《ほんばん》だよ
う、なんか難《むずか》しそう…
それはどんなのですか？
これだよ
❶場面分《ばめんわ》け
❷情景描写《じょうけいびょうしゃ》
なんかよくわからないな
大丈夫《だいじょうぶ》！またスケモンたちが出《で》てきてわかりやすく説明《せつめい》してくれるからね

わく
やった！だったらいいや
わく
私《わたし》も楽《たの》しみです
それじゃ行《い》ってみようか！
めざせ、物語文《ものがたりぶん》の読解《どっかい》マスターー！
第《だい》2章《しょう》の始《はじ》まり始《はじ》まり～!!
オーッ!!

4 時間目《じかんめ》

「場面分《ばめんわ》け」は物語文読解《ものがたりぶんどっかい》の基本《きほん》。
まずは「時間《じかん》」と「場所《ばしょ》」で区別《くべつ》しよう。

2章《しょう》の初《はじ》めは「場面分《ばめんわ》け」について説明《せつめい》しよう
物語文《ものがたりぶん》を読《よ》み解《と》くにはまず「場面分《ばめんわ》け」をすることが大事《だいじ》になるんだ
「場面分《ばめんわ》け」って？
物語文《ものがたりぶん》は場面《ばめん》の連続《れんぞく》でできているからそれぞれの場面《ばめん》に分《わ》けることだよ
どうして「場面分《ばめんわ》け」が大事《だいじ》なんですか？
場面《ばめん》によって状況《じょうきょう》が変《か》わりその状況《じょうきょう》によって気持《きも》ちも変《か》わるからだよ
よくわかんないよ
じゃあ試《ため》してみようか
パッ
うれしい
ふつう
うれしくない

何《なに》これ？
？
次《つぎ》の文章《ぶんしょう》の主人公《しゅじんこう》を
自分《じぶん》だと思《おも》って
（　）にカードを
入《い》れてごらん。
同《おな》じカードを
何回使《なんかいつか》ってもいいよ

今日《きょう》はぼくの誕生日《たんじょうび》だ。

①朝《あさ》、お父《とう》さんとお母《かあ》さんが「これ、ほしかったんだろう」と言《い》って、ゲーム「トレジャーハンティング」の新作《しんさく》をくれた。

↓（　）

②昼《ひる》、お姉《ねえ》ちゃんが「部屋《へや》に来《き》てね」と言《い》うので行《い》ってみると、「そろそろ勉強《べんきょう》しなくちゃね」と国語辞典《こくごじてん》をくれた。

↓（　）

③夕方《ゆうがた》、親戚《しんせき》のおじさんから誕生日《たんじょう》プレゼントが届《とど》いたので、開《あ》けてみたら「トレジャーハンティング」の新作《しんさく》だった。

↓（　）

う～ん、
こんな感《かん》じかな…
パタッ
パタッ

今日《きょう》はぼくの誕生日《たんじょうび》だ。

①朝《あさ》、お父《とう》さんとお母《かあ》さんが「これほしかったんだろう」と言《い》って、ゲーム「トレジャーハンティング」の新作《しんさく》をくれた。

↓**（うれしい）**

②昼《ひる》、お姉《ねえ》ちゃんが「部屋《へや》に来《き》てね」と言《い》うので行《い》ってみると、「そろそろ勉強《べんきょう》しなくちゃね」と国語辞典《こくごじてん》をくれた。

↓**（うれしくない）**

③夕方《ゆうがた》、親戚《しんせき》のおじさんから誕生日《たんじょうび》プレゼントが届《とど》いたので、開《あ》けてみたら「トレジャーハンティング」の新作《しんさく》だった。

↓**（うれしくない）**

国語辞典《こくごじてん》はうれしくないのね
ムッ
へへ…
まぁ、まぁ…ここで「場面分《ばめんわ》け」に関《かん》する2つの法則《ほうそく》がわかるんだ

1つはこういうことだよ
〈場面分《ばめんわ》けの法則《ほうそく》 その1〉
場面《ばめん》が変《か》わると、その場面内《ばめんない》での状況《じょうきょう》によって気持《きも》ちも変《か》わる。
ドン!!

①〜③はそれぞれ場面《ばめん》を表《あらわ》しているんだ。①の場面《ばめん》では新作《しんさく》ゲームをもらったので「うれしい」と思《おも》い②では国語辞典《こくごじてん》をもらったので「うれしくない」と思ったんだね
うん そうだよ
物語文《ものがたりぶん》は場面《ばめん》ごとに状況《じょうきょう》が変化《へんか》するからその状況《じょうきょう》によって気持《き》ちが変《か》わるんだ
まとめるとこんな感《かん》じだよ
①の場面《ばめん》
（状況《じょうきょう》）お父《とう》さんとお母《かあ》さんから新《しん》作《さく》ゲームをもらった。
（気持《き》ち）うれしい
②の場面《ばめん》
（状況《じょうきょう》）お姉《ねえ》さんから国語辞典《こくごじてん》をもらった。
（気持《き》ち）うれしくない
なるほど

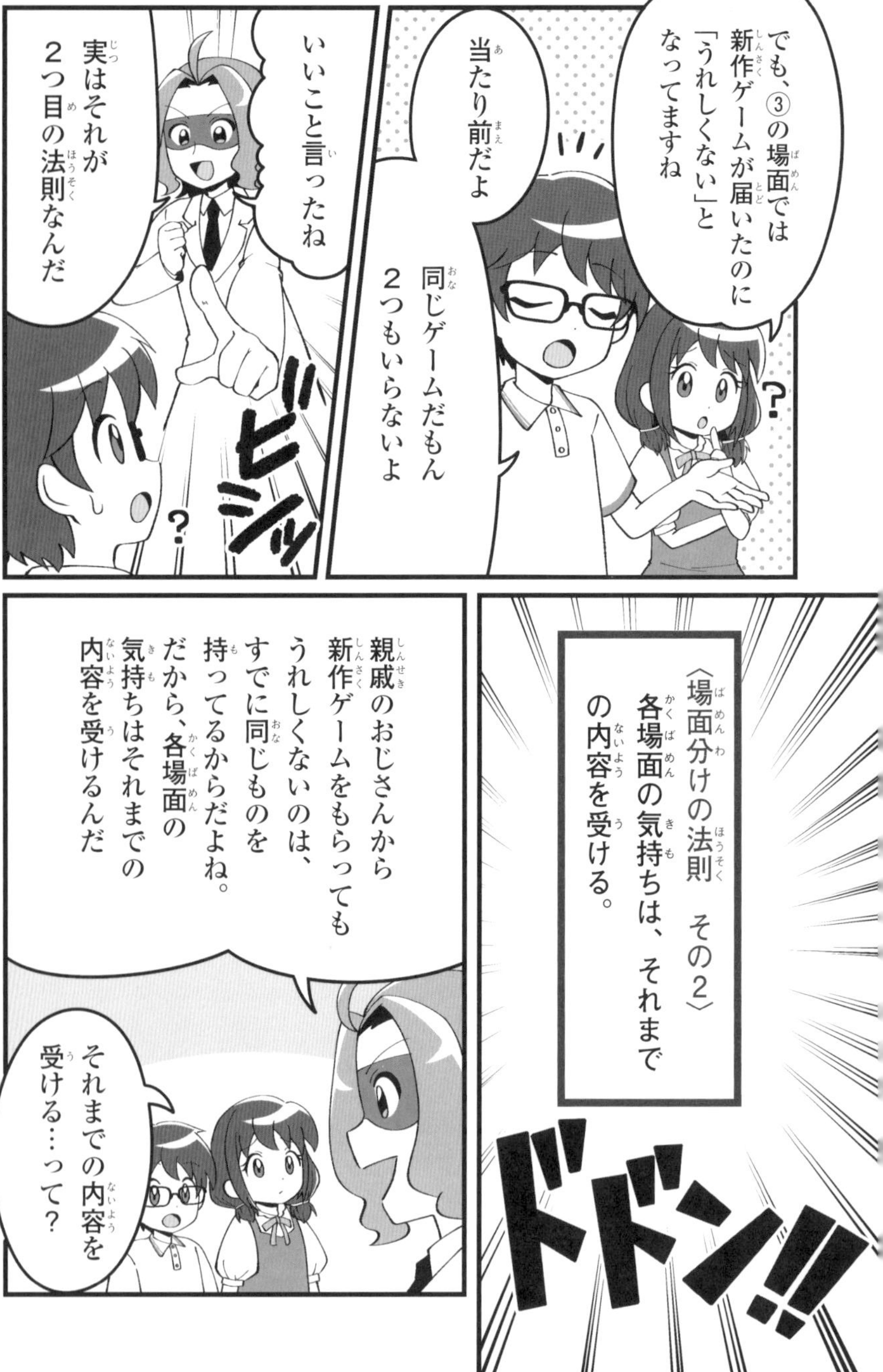
でも、③の場面《ばめん》では新作《しんさく》ゲームが届《とど》いたのに「うれしくない」となってますね
？
当《あ》たり前《まえ》だよ
同《おな》じゲームだもん　2つもいらないよ
いいこと言《い》ったね
実《じつ》はそれが　2つ目《め》の法則《ほうそく》なんだ
ビシッ
？
〈場面分《ばめんわ》けの法則《ほうそく》　その2〉
各場面《かくばめん》の気持《きも》ちは、それまでの内容《ないよう》を受《う》ける。
ドドン!!
親戚《しんせき》のおじさんから新作《しんさく》ゲームをもらってもうれしくないのは、すでに同《おな》じものを持《も》ってるからだよね。だから、各場面《かくばめん》の気持《きも》ちはそれまでの内容《ないよう》を受《う》けるんだ
それまでの内容《ないよう》を受《う》ける…って？

それまでの出来事《できごと》に影響《えいきょう》されるということだよ。だから気持《きも》ちを考《かんが》える時《とき》は1つの場面《ばめん》だけじゃなくて、そこに至《いた》るまでの内容《ないよう》も頭《あたま》に入《い》れておかなくちゃいけないんだ
なんか面倒《めんどう》だな

練習《れんしゅう》すれば大丈夫《だいじょうぶ》!
次《つぎ》の文章《ぶんしょう》を読《よ》んで傍線部《ぼうせんぶ》①②③の気持《きも》ちを考《かんが》えてごらん

後輩《こうはい》の勇太《ゆうた》は、気持《きも》ちがすぐに顔《かお》に出《で》る面白《おもしろ》いやつだ。

この間《あいだ》、国語《こくご》のテストが30点《てん》だったので、俺《おれ》が①「お前《まえ》って、ほんとにバカだよな」と言《い》ったら、悔《くや》しそうな顔《かお》でうつむいてしまった。「ごめん、言《い》いすぎたね」と言《い》っても顔《かお》を上《あ》げてくれない。

それから3日後《みっかご》、雨《あめ》が降《ふ》って野球《やきゅう》の練習《れんしゅう》が中止《ちゅうし》になった時《とき》、服《ふく》を着替《きが》えて学校《がっこう》を出《で》ようとしたら、勇太《ゆうた》がずぶ濡《ぬ》れになってかけてくる。「どうしたの?」と聞《き》いたら、「はい」と言《い》って俺《おれ》にグローブを手《て》わたし、「先輩《せんぱい》がベンチの下《した》に忘《わす》れてたの思《おも》い出《だ》したから」と言《い》う。勇太《ゆうた》はこの雨《あめ》の中《なか》、ずぶ濡《ぬ》れになって俺《おれ》のグローブを取《と》りに戻《もど》ってくれたらしい。俺《おれ》はうれしくなって②「お前《まえ》って、ほんとにバカだよな」と頭《あたま》をなでたら、勇太《ゆうた》は「へへへ」と笑《わら》いながらも③泣《な》きそうになった。

う〜ん難《むずか》しいな

全体《ぜんたい》を見《み》るのではなくまず場面《ばめん》に分《わ》けてみるんだこの文章《ぶんしょう》はいくつの場面《ばめん》に分《わ》けられるかな?
2つです
そう、5行目《ぎょうめ》から日《ひ》が変《か》わってるね
え なんでそんなことがわかるの?
あせっ
段落《だんらく》の初《はじ》めに注意《ちゅうい》するんだよ
場面《ばめん》が変《か》わる場合《ばあい》、この部分《ぶぶん》に時間《じかん》や場《ば》所《しょ》の変化《へんか》を書《か》いてあることが多《おお》い。
段落《だんらく》を変《か》える時《とき》は一《ひと》マス下《さ》げて改行《かいぎょう》するからその下《さ》がった部分《ぶぶん》に時間《じかん》や場所《ばしょ》の変化《へんか》が書《か》いてあれば場面《ばめん》が変《か》わったということだよ
この例文《れいぶん》だと改行《かいぎょう》したところに『それから3日後《みっかご》』とあるから、ここで場面《ばめん》が変《か》わるんだよ
へ〜 初《はじ》めて知《し》ったよ
なるほど

じゃあ、「場面分《ばめんわ》け」したものを見《み》てみよう

〈前半《ぜんはん》〉

後輩《こうはい》の勇太《ゆうた》は、気持《きも》ちがすぐに顔《かお》に出《で》る面白《おもしろ》いやつだ。

この間《あいだ》、国語《こくご》のテストが30点《てん》だったので、俺《おれ》が①「お前《まえ》って、ほんとにバカだよな」と言《い》ったら、悔《くや》しそうな顔《かお》でうつむいてしまった。「ごめん、言《い》いすぎたね」と言《い》っても顔《かお》を上《あ》げてくれない。

〈後半《こうはん》〉

それから3日後《みっかご》、雨《あめ》が降《ふ》って野球《やきゅう》の練習《れんしゅう》が中止《ちゅうし》になった時《とき》、服《ふく》を着替《きが》えて学校《がっこう》を出《で》ようとしたら、勇太《ゆうた》がずぶ濡《ぬ》れになってかけてくる。「どうしたの？」と聞《き》いたら、「はい」と言《い》って俺《おれ》にグローブを手《て》わたし、「先輩《せんぱい》がベンチの下《した》に忘《わす》れてたの思《おも》い出《だ》したから」と言《い》う。勇太《ゆうた》はこの雨《あめ》の中《なか》、ずぶ濡《ぬ》れになって俺《おれ》のグローブを取《と》りに戻《もど》ってくれたらしい。俺《おれ》はうれしくなって②「お前《まえ》って、ほんとにバカだよな」と頭《あたま》をなでたら、勇太《ゆうた》は「へへへ」と笑《わら》いながらも③泣《な》きそうになった。

それぞれの状況《じょうきょう》をまとめてみようか

前半《ぜんはん》の場面《ばめん》

（状況《じょうきょう》）

勇太《ゆうた》の国語《こくご》のテストが30点《てん》だったので、俺《おれ》は①「お前《まえ》って、ほんとにバカだよな」と言《い》った。

後半《こうはん》の場面《ばめん》

（状況《じょうきょう》）

勇太《ゆうた》がずぶ濡《ぬ》れになって俺《おれ》のグローブを取《と》りに戻《もど》ってくれたので、俺《おれ》はうれしくなって②「お前《まえ》って、ほんとにバカだよな」と頭《あたま》をなでた。

あ、わかった!
①は勇太《ゆうた》のことをバカにしているけど②は雨《あめ》の中《なか》グローブを取《と》りに戻《もど》ってくれたことをうれしく思《おも》ってるんだ
そうだね
場面《ばめん》ごとに状況《じょうきょう》を考《かんが》えると、同《おな》じセリフでも気持《きも》ちが違《ちが》うのがわかるだろ?
うん
じゃ、③の「泣《な》きそうになった」という勇太君《ゆうたくん》の気持《きも》ちはわかるかな?
う～ん、「頭《あたま》をなでる」というのはほめてるんだよねそれで泣《な》きそうになるのは変《へん》だな…
そうだね。じゃあ、勇太君《ゆうたくん》はなんでそんなにうれしいのかな?
うれし泣《な》きじゃないですか? とってもうれしいと泣《な》いたりするでしょ
う～ん…
う～ん…
ただほめられただけじゃないですよね

場面分《ばめんわ》けの法則《ほうそく》 その2
「各場面《かくばめん》の気持《きも》ちは、それまでの内容《ないよう》を受《う》ける」を使《つか》うんだ。前半《ぜんはん》にどんなことがあったかな？
テストの点《てん》が悪《わる》くて「バカだな」って言《い》われたんですね
ハッ
そうか！
バカにされた後《あと》だから
ほめられたことが泣《な》きたくなるほどうれしかったんだ
ぱんっ
その通《とお》り
自分《じぶん》をバカにした先輩《せんぱい》が今度《こんど》はほめてくれたので、ものすごくうれしかったんだよ。これで場面分《ばめんわ》けの大切《たいせつ》さがわかったかな
は～い！
よし。それじゃスケモンといっしょに「場面分《ばめんわ》け」の練習《れんしゅう》をしてみよう
「場面分《ばめんわ》け」を教《おし》えるのはバメンザエモンというんだ
へ～
バメンザエモン？
それじゃ、呼《よ》んでみようか。出《い》でよ、バメンザエモン！
ポンッ!!!

もく
もく…
あれ？
いないぞ
キョロ
キョロ
ヒュ
ン
ヒュ〜
ザザッ
これが
バメンザエモン…
おお…
かっこいい！
ドキッ

拙者《せっしゃ》に何《なん》の用《よう》でござるか？
このふたりに「場面分《ばめんわ》け」の方法《ほうほう》を教《おし》えてほしいんだ
フッ
お安《やす》い御用《ごよう》でござる
ぱっ
チャキッ
文章《ぶんしょう》を御用意《ごようい》くだされ
ドキッ
グッ…
承知《しょうち》つかまつった。これでござる

布団《ふとん》に入《はい》っても、ケンジの悔《くや》しそうな顔《かお》を思《おも》い出《だ》してしまう。あんなこと言《い》わなきゃよかったなと思《おも》うと、なかなか寝《ね》つけなかった。

次《つぎ》の日《ひ》は一度《いちど》もケンジに話《はな》しかけることはできなかった。ケンジのほうでも、ぼくと顔《かお》を合《あ》わさないようにしている。困《こま》ったなと思《おも》っても、どうしていいかわからない。

スタッ
時間《じかん》の変化《へんか》で分《わ》けたでござる
チャキーン
布団《ふとん》に入《はい》っても、ケンジの悔《くや》しそうな顔《かお》を思《おも》い出《だ》してしまう。あんなこと言《い》わなきゃよかったなと思《おも》うと、なかなか寝《ね》つけなかった。
次《つぎ》の日《ひ》は一度《いちど》もケンジに話《はな》しかけることはできなかった。ケンジのほうでも、ぼくと顔《かお》を合《あ》わさないようにしている。困《こま》ったなと思《おも》っても、どうしていいかわからない。
5行目《ぎょうめ》の『次《つぎ》の日《ひ》は…』からが後半《こうはん》になるんですね
フッ
かしこいお嬢《じょう》さんでござるな
あ、ありがとうございます！
こんなのぼくだってわかるよ
むっ
わぁ～っ
うむ
では、次《つぎ》でござる
ペラッ

ぼくは段《だん》ボールの散乱《さんらん》した部屋《へや》を見《み》て溜《ため》息《いき》をついた。

「やだなぁ、引《ひ》っ越《こ》しなんて」

「仕方《しかた》がないだろ。突然《とつぜん》、転勤《てんきん》が決《き》まったんだから」

父《とう》さんは少《すこ》し怒《おこ》ったように言《い》うと「今日《きょう》はここまでだな」と立《た》ち上《あ》がり、窓《まど》を開《あ》けた。

「見《み》なよ。すごい夕焼《ゆうや》けだ」

父《とう》さんに誘《さそ》われてベランダに出《で》ると、真《ま》っ赤《か》な空《そら》に夕陽《ゆうひ》が落《お》ちるところだった。雄大《ゆうだい》な光景《こうけい》を見《み》ていると、新《あたら》しい学校《がっこう》でもなんとかやっていけるような気《き》がした。


ぼくは段《だん》ボールの散乱《さんらん》した部屋《へや》を見《み》て溜《ため》息《いき》をついた。

「やだなぁ、引《ひ》っ越《こ》しなんて」

「仕方《しかた》がないだろ。突然《とつぜん》、転勤《てんきん》が決《き》まったんだから」

父《とう》さんは少《すこ》し怒《おこ》ったように言《い》うと「今日《きょう》はここまでだな」と立《た》ち上《あ》がり、窓《まど》を開《あ》けた。

「見《み》なよ。すごい夕焼《ゆうや》けだ」

父《とう》さんに誘《さそ》われてベランダに出《で》ると、真《ま》っ赤《か》な空《そら》に夕陽《ゆうひ》が落《お》ちるところだった。雄大《ゆうだい》な光景《こうけい》を見《み》ていると、新《あたら》しい学校《がっこう》でもなんとかやっていけるような気《き》がした。

今度《こんど》は場所《ばしょ》の変化《へんか》で分《わ》けたでござる
ぼくにもわかるよ最初《さいしょ》が部屋《へや》の中《なか》、次《つぎ》がベランダだね
ガンッ
それくらいは誰《だれ》でもわかるでござろう
え〜!?ほめてよ〜!
じたばた
まぁまぁ〜
これでわかったかな
「場面分《ばめんわ》け」の基本《きほん》は「時間《じかん》」と「場所《ばしょ》」だからまずこの2つの変化《へんか》に注目《ちゅうもく》するんだ。それ以外《いがい》はこんなケースもあるから覚《おぼ》えておくと便利《べんり》だよ
●「状況《じょうきょう》の変化《へんか》」で場面分《ばめんわ》けをする
(雨《あめ》が降《ふ》っている → 雨《あめ》がやむ、など)
●「話題《わだい》の変化《へんか》」で場面分《ばめんわ》けをする
(状況《じょうきょう》の説明《せつめい》 → 人物《じんぶつ》の行動《こうどう》、など)
●「人物《じんぶつ》の出入《ではい》り」で場面分《ばめんわ》けをする
(人《ひと》が現《あらわ》れる → 人《ひと》が退場《たいじょう》する、など)

じゃあ、実際《じっさい》の問題《もんだい》で試《ため》してみようか。バメンザエモンよろしく頼《たの》むよ
チャッ
フッ おまかせを！

次《つぎ》の文章《ぶんしょう》を読《よ》んで後《あと》の問《と》いに答《こた》えなさい

ぼくが指揮台《しきだい》に立《た》つと、クラス全員《ぜんいん》の視線《しせん》が集《あつ》まってくる。わずかでもぼくの動《うご》きを見逃《みのが》すまいとする刺《さ》すような視線《しせん》だ。みんなの緊張《きんちょう》がビンビンと伝《つた》わってくる。ぼくの手《て》にも汗《あせ》がにじんだ。これからが勝負《しょうぶ》なのだ。五年生《ごねんせい》最後《さいご》のこの合唱祭《がっしょうさい》で、何《なん》としてでも学年優勝《がくねんゆうしょう》を取《と》らなければならなかった。右手《みぎて》の指揮棒《しきぼう》を振《ふ》り上《あ》げると、みんなの視線《しせん》がいっせいに注《そそ》がれる。この手《て》が動《うご》くと同時《どうじ》に、練習《れんしゅう》を重《かさ》ねた歌声《うたごえ》が響《ひび》き渡《わた》るのだ。

ぼくが大《おお》きく息《いき》を吸《す》い込《こ》み、指揮棒《しきぼう》を振《ふ》ろうとした時《とき》、客席《きゃくせき》から「頑張《がんば》れよ！」という声《こえ》が響《ひび》いた。父《とう》さんの声《こえ》だった。不意《ふい》をつかれて右手《みぎて》が止《と》まった。場違《ばちが》いな声《こえ》に、客席《きゃくせき》から失笑《しっしょう》が起《お》きている。振《ふ》り返《かえ》ると、一番前《いちばんまえ》の座席《ざせき》で父《とう》さんが困《こま》ったように頭《あたま》をかいていた。「ごめん、ごめん」と父《とう》さんが言《い》うと、クラスのみんなもクスクス笑《わら》い始《はじ》めた。もう合唱《がっしょう》をするような雰囲気《ふんいき》ではなかった。

またやっちゃったか……。ぼくはヘナヘナと力《ちから》が抜《ぬ》けていくようだった。

その夜《よる》、自宅《じたく》に戻《もど》ると、父《とう》さんが夕飯《ゆうはん》の支度《したく》をしながら待《ま》っていた。ぼくは父《とう》さんの顔《かお》を見《み》たら頭《あたま》にきてしまい、ふてくされてソファに転《ころ》がった。

「ごめんな。父《とう》さんのせいで優勝《ゆうしょう》できなくて」

「……」

「ほんとにダメな父《とう》さんだよな。母《かあ》さんにも謝《あやま》っておいたよ」

母《かあ》さんの仏壇《ぶつだん》を見《み》ると、線香《せんこう》がそえられていた。

「忙《いそが》しいから来《こ》れないって言《い》ったじゃん」

「何《なん》とか都合《つごう》をつけたんだよ」

そういえば、このところ父《とう》さんの帰《かえ》りが遅《おそ》かったのを思《おも》い出《だ》した。合唱祭《がっしょうさい》を見《み》るために夜遅《よるおそ》くまで仕事《しごと》をしていたのだろうか。台所《だいどころ》に立《た》つ父《とう》さんはネクタイのままだった。

「でも、行《い》かない方《ほう》がよかったみたいだな」

「……」

黙《だま》ってテーブルにすわると、ぼくの大好《だいす》きなハンバーグが並《なら》んでいた。いつものような黒焦《くろこ》げはなく、きちんと焼《や》けている。おまけにチーズまでまぶしてあった。ふいにぼくの口元《くちもと》がゆるんだ。母《かあ》さんの写真《しゃしん》と、すまなさそうにしている父《とう》さんを見《み》ると、昼間《ひるま》のことはどうでもよくなった。

①「ごはん、食《た》べようか」

そう言《い》うと、父《とう》さんの顔《かお》に笑《え》みが浮《う》かんだ。

問　傍線部《ぼうせんぶ》①「ごはん、食《た》べようか」と言《い》った「ぼく」の気持《きも》ちはどのようなものですか。次《つぎ》の中《なか》から最《もっと》も適当《てきとう》なものを選《えら》び、記号《きごう》で答《こた》えなさい。
ア　父《とう》さんがぼくと母《かあ》さんに謝《あやま》り、反省《はんせい》しているから、怒《おこ》る気《き》持《も》ちがなくなった。
イ　父《とう》さんはただ「頑張《がんば》れよ！」と励《はげ》ましてくれただけだから、怒《おこ》っても仕方《しかた》がないと思《おも》った。
ウ　父《とう》さんがぼくのために一生懸命《いっしょうけんめい》気《き》をつかってくれているのがわかったから、怒《おこ》る気持《きも》ちがなくなった。
エ　父《とう》さんがぼくの大好《だいす》きなハンバーグを上手《じょうず》に作《つく》ってくれたから、怒《おこ》る気持《きも》ちがなくなった。
オ　父《とう》さんの失敗《しっぱい》は今度《こんど》だけのことではないから、怒《おこ》っても仕《し》方《かた》がないと思《おも》った。
では、問題《もんだい》を解《と》くためにまずは場面分《ばめんわ》けをするでござる
時間《じかん》と場所《ばしょ》の変化《へんか》に注意《ちゅうい》するんだね
今回《こんかい》は状況《じょうきょう》の変化《へんか》にも注意《ちゅうい》するでござる
拙者《せっしゃ》におまかせを
ズパッ
ズパッ
おお〜！

★**最初《さいしょ》の場面《ばめん》（合唱《がっしょう》を始《はじ》める前《まえ》）**

ぼくが指揮台《しきだい》に立《た》つと、クラス全員《ぜんいん》の視線《しせん》が集《あつ》まってくる。わずかでもぼくの動《うご》きを見逃《みのが》すまいとする刺《さ》すような視線《しせん》だ。（省略《しょうりゃく》）この手《て》が動《うご》くと同時《どうじ》に、練習《れんしゅう》を重《かさ》ねた歌声《うたごえ》が響《ひび》き渡《わた》るのだ。

★**2番目《ばんめ》の場面《ばめん》（父《とう》さんの声《こえ》が響《ひび》いて笑《わら》いが起《お》きる）→状況《じょうきょう》が変化《へんか》している。**

ぼくが大《おお》きく息《いき》を吸《す》い込《こ》み、指揮棒《しきぼう》を振《ふ》ろうとした時《とき》、客席《きゃくせき》から「頑張《がんば》れよ！」という声《こえ》が響《ひび》いた。父《とう》さんの声《こえ》だった。不意《ふい》をつかれて右手《みぎて》が止《と》まった。（省略《しょうりゃく》）

またやっちゃったか……。ぼくはヘナヘナと力《ちから》が抜《ぬ》けていくようだった。

★**3番目《ばんめ》の場面《ばめん》（その夜《よる》の自宅《じたく》）→時間《じかん》と場所《ばしょ》が変化《へんか》している。**

その夜《よる》、自宅《じたく》に戻《もど》ると、父《とう》さんが夕飯《ゆうはん》の支度《したく》をしながら待《ま》っていた。ぼくは父《とう》さんの顔《かお》を見《み》たら頭《あたま》にきてしまい、ふてくされてソファに転《ころ》がった。

「ごめんな。父《とう》さんのせいで優勝《ゆうしょう》できなくて」

（省略《しょうりゃく》）

母《かあ》さんの写真《しゃしん》と、すまなさそうにしている父《とう》さんを見《み》ると、昼間《ひるま》のことはどうでもよくなった。

①「ごはん、食《た》べようか」

そう言《い》うと、父《とう》さんの顔《かお》に笑《え》みが浮《う》かんだ。

で、どうするの？
場面《ばめん》によって気持《きも》ちが変《か》わるので問《と》いの「ぼく」が「ごはん、食《た》べようか」と言《い》った気持《きも》ちは傍線部《ぼうせんぶ》①がある3番目《ばんめ》の場面《ばめん》から考《かんが》えるのでござる
場面分《ばめんわ》けの法則《ほうそく》1と2の両方《りょうほう》を使《つか》うでござるよ
ドドン!!
〈場面分《ばめんわ》けの法則《ほうそく》　その1〉
場面《ばめん》が変《か》わると、その場面内《ばめんない》での状況《じょうきょう》によって気持《きも》ちも変《か》わる。
〈場面分《ばめんわ》けの法則《ほうそく》　その2〉
各場面《かくばめん》の気持《きも》ちは、それまでの内容《ないよう》を受《う》ける。
まず法則《ほうそく》その2を使《つか》ってそれまで「ぼく」はどんな気持《きも》ちだったかを考《かんが》えるでござる
これは簡単《かんたん》だよ
父《とう》さんが客席《きゃくせき》から「頑張《がんば》れよ！」って言《い》ったことを怒《おこ》ってるんだ。そのせいで優勝《ゆうしょう》できなかったし…
うんうん

「ぼく」がお父《とう》さんに怒《おこ》っているのはどこでわかるでござるか?
だって『父《とう》さんの顔《かお》を見《み》たら頭《あたま》にきてしまい、ふてくされてソファに転《ころ》がった』って書《か》いてあるよ
その通《とお》りでござるよく読《よ》み取《と》っているでござるな
やったほめられちゃった!
よかったね
ドキッ
バメンザエモンさんて優《やさ》しいんですね
おぁぁ…
い…、いやそれほどでもないでござるよ
きゅん♥
あのね…
うほん…次《つぎ》は法則《ほうそく》その1を使《つか》うでござる
「ぼく」が自宅《じたく》に帰《かえ》ると状況《じょうきょう》が変《か》わっていたでござるな

お父《とう》さんが大好《だいす》きなハンバーグを作《つく》ってたんだね
いつものような黒焦《くろこ》げはなく、『きちんと焼《や》けている』ってあるから頑張《がんば》って作《つく》ったんだ。ネクタイをしているから帰《かえ》るとすぐに作《つく》り始《はじ》めたのかな
それだけではないでござるよ
合唱祭《がっしょうさい》を見《み》に行《い》くために夜遅《よるおそ》くまで仕事《しごと》をしていたことにも気《き》づいたんですね
子《こ》ども思《おも》いのお父《とう》さんでござるな。だからこそ「ぼく」の気持《きも》ちが変《か》わったのでござる
この部分《ぶぶん》をよく読《よ》むでござる
母《かあ》さんの写真《しゃしん》と、すまなさそうにしている父《とう》さんを見《み》ると、昼間《ひるま》のことはどうでもよくなった。
お母《かあ》さんを亡《な》くした後《あと》、一生懸命《いっしょうけんめい》頑張《がんば》って「ぼく」の世話《せわ》をしているお父《とう》さんの気持《きも》ちがわかったんですね
そうか！
答《こた》えは…

コクッ
(ウ)だ!!
ご名答《めいとう》でござる！
やった〜！
他《ほか》の選択肢《せんたくし》が不正解《ふせいかい》の理由《りゆう》をまとめてみたでござるよ

ア　父《とう》さんがぼくと母《かあ》さんに謝《あやま》り、反省《はんせい》しているから、怒《おこ》る気持《きも》ちがなくなった。

↓これだけで「ぼく」の怒《おこ》る気持《きも》ちがなくなったわけではない

イ　父《とう》さんはただ「頑張《がんば》れよ！」と励《はげ》ましてくれただけだから、怒《おこ》っても仕方《しかた》がないと思《おも》った。

↓父《とう》さんが場違《ばちが》いなところで声《こえ》をかけたことには怒《おこ》っている

エ　父《とう》さんがぼくの大好《だいす》きなハンバーグを上手《じょうず》に作《つく》ってくれたから、怒《おこ》る気持《きも》ちがなくなった。

↓これだけで「ぼく」の怒《おこ》る気持《きも》ちがなくなったわけではない

オ　父《とう》さんの失敗《しっぱい》は今度《こんど》だけのことではないから、怒《おこ》っても仕方《しかた》がないと思《おも》った。

↓父《とう》さんの気《き》づかいについて触《ふ》れられていない

これでみんなは場面《ばめん》分《わ》けをマスターしたでござるな。拙者《せっしゃ》の役目《やくめ》は終《お》わりでござる
え どうするんですか？
また あてのない旅《たび》に出《で》るのでござるよ
フッ
ヒュ
ザザザ…

しゅらんっ
待《ま》って バメン ザエモンさん！
はっ
お姉《ねえ》ちゃん 何《なに》やってるの？
あ…
ポンッ
コホン バメンザエモンも 勝手《かって》に消《き》えたら ダメじゃないか
はっ
そ、そうで ござったな…
すみま せぬ
まったく 2人《ふたり》とも…

じゃあ、これからはバメンザエモンと一緒《いっしょ》だよ
キラ
キラ
バメンザエモン同化《どうか》!
キラ
キラ
承知《しょうち》つかまつったでござる
ポン
わ!バメンザエモンさんが頭《あたま》の中《なか》に入《はい》ってきた
なんか、力《ちから》がついた気《き》がするぞ
ふりふり
ポッ

わい
わい
キラッ
では
おさらいでござる
人《ひと》の気持《きも》ちは各場面内《かくばめんない》での状況《じょうきょう》によって変《か》わるので、時間《じかん》や場所《ばしょ》などによって「場面分《ばめんわ》け」をしてから気持《きも》ちを読《よ》み解《と》こう。各場面《かくばめん》の気《き》持《も》ちはそれまでの内容《ないよう》を受《う》けるので、話《はなし》の流《なが》れを押《お》さえておくことも大切《たいせつ》だ。
ヒュー

5 時《じ》間《かん》目《め》

「情景描写《じょうけいびょうしゃ》」から人物《じんぶつ》の気持《きも》ちを読《よ》み取《と》ろう。

わくわく
5時間目《じかんめ》になったね 今度《こんど》はどんなスケモンかな
楽《たの》しみね
あれ 先生《せんせい》がいないぞ
いな〜い…
キョロキョロ
どこに行《い》ったのかしら
あっ!
ヒュ〜
何《なん》だ あんな所《ところ》にいたんだ
ポツ
ポツ

先生《せんせい》どうしたんですか？
ヒュー……
いやなことでもあったのかな？
ピカッ
せ、先生《せんせい》！
……
ズガーン
私《わたし》たち何《なに》かしましたか？
うわ～ごめんなさい！ぼくがいけないんだ
これからはもっと勉強《べんきょう》するよ～！

ぽわっ
ほっ…
先生《せんせい》の怒《いか》りがおさまったのね よかった
めそ めそ
うう～ ごめんなさい
あれ みんなどうしたのかな？
どうしたって…
先生《せんせい》、怒《おこ》ってたでしょ
別《べつ》に怒《おこ》ったりしてないよ
だって雷《かみなり》がズズンて落《お》ちて…
すっ
ああ、これね

これは背景《はいけい》にバーチャル映像《えいぞう》を見《み》せる装置《そうち》なんだ ほらね
カチ
カチ
カチ
なんだ そんなことか
ほっ
フフフ「人《ひと》は情景《じょうけい》から気持《きも》ちを読《よ》み取《と》る」ということをわかってほしくてね
??
?
情景《じょうけい》って何《なん》ですか?
心《こころ》に何《なに》かの感情《かんじょう》や印象《いんしょう》を引《ひ》き起《お》こす風景《ふうけい》や場面《ばめん》のことだよ
例《たと》えば人《ひと》は雨《あめ》が降《ふ》ってるとさびしいと思《おも》うしお花畑《はなばたけ》を見《み》ると幸《しあわ》せな感《かん》じがするだろ?
たしかに…
雷は怒ってるみたいで怖かったな…

それは物語文《ものがたりぶん》にも応用《おうよう》されてるんだ
つまり、物語文《ものがたりぶん》の「情景描写《じょうけいびょうしゃ》」は人物《じんぶつ》の気持《きも》ちを表《あらわ》す場合《ばあい》が多《おお》いんだよ
情景描写《じょうけいびょうしゃ》？
風景《ふうけい》とか周《まわ》りの様子《ようす》を描《えが》いたものだよ。次《つぎ》の文章《ぶんしょう》を赤字《あかじ》に注意《ちゅうい》して読《よ》んでごらん

いくら相手《あいて》が県内随一《けんないずいいち》の強豪《きょうごう》バスケチームだとはいえ、30点差《てんさ》というのは智樹《ともき》にとって思《おも》いがけない結果《けっか》だった。試合《しあい》が終《お》わった後《あと》、仲間《なかま》はみんなうなだれたまま誰《だれ》も口《くち》を開《ひら》こうとはしない。智樹《ともき》は着替《きが》えが終《お》わった後《あと》、一人《ひとり》で体育館《たいいくかん》を出た。外《そと》は冷《つめ》たい雨《あめ》が降《ふ》りしきっていた。智樹《ともき》は空《そら》を見上《みあ》げ、「ふぅ〜」と深《ふか》い息《いき》をはいた。

この時《とき》、智樹君《ともきくん》はどんな気持《きも》ちだったと思《おも》う?
試合《しあい》に負《ま》けて悔《くや》しかったんだよ
その通《とお》り!『冷《つめ》たい雨《あめ》が降《ふ》りしきっていた』というさびしい情景《じょうけい》から試合《しあい》に負《ま》けたつらい気持《きも》ちが伝《つた》わってくるよね
うん
じゃあ、これはどうだろう

いくら相手《あいて》が県内随一《けんないずいいち》の強豪《きょうごう》バスケチームだとはいえ、30点差《てんさ》というのは智樹《ともき》にとって思《おも》いがけない結果《けっか》だった。試合《しあい》が終《お》わった後《あと》、仲間《なかま》はみんなうなだれたまま誰《だれ》も口《くち》を開《ひら》こうとはしない。智樹《ともき》は着《き》替《が》えが終《お》わった後《あと》、一人《ひとり》で体育館《たいいくかん》を出た。雨《あめ》は上《あ》がり、夕焼《ゆうや》けの空《そら》に大《おお》きな虹《にじ》がかかっていた。智樹《ともき》は空《そら》を見上《みあ》げ、「ふぅ〜」と深《ふか》い息《いき》をはいた。

あ、これは感《かん》じが違《ちが》うぞ。つらいとは思《おも》ってないよ
試合《しあい》には負《ま》けたけれどやるだけやったという満足感《まんぞくかん》みたいなものが感《かん》じられます
そうだね。「雨上《あめあ》がり」「夕焼《ゆうや》け」「大《おお》きな虹《にじ》」から晴《は》れやかな感《かん》じがするよね
キラ
キラ
う〜ん…。でもどんな気持《きも》ちか考《かんが》えるのは難《むずか》しいよ
状況《じょうきょう》は同《おな》じだけど情景描写《じょうけいびょうしゃ》を変《か》えるだけで、気持《きも》ちがまったく変《か》わってくるんだ。だから、情景描写《じょうけいびょうしゃ》は大事《だいじ》なんだよ

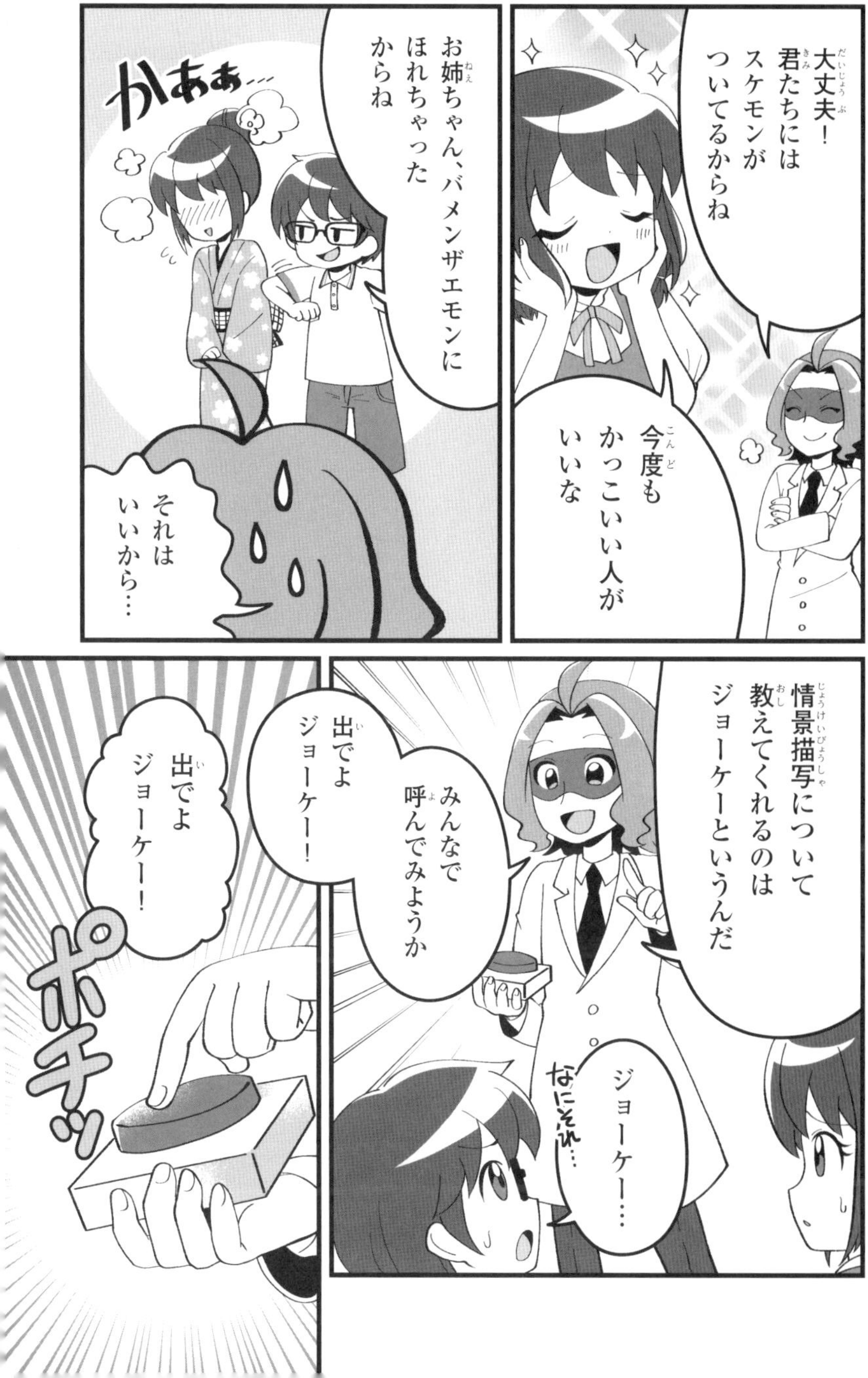

大丈夫《だいじょうぶ》！君《きみ》たちにはスケモンがついてるからね
今度《こんど》もかっこいい人がいいな
お姉《ねえ》ちゃん、バメンザエモンにほれちゃったからね
かぁぁ…
それはいいから…
情景描写《じょうけいびょうしゃ》について教《おし》えてくれるのはジョーケーというんだ
ジョーケー…
なにそれ…
みんなで呼《よ》んでみようか
出《い》でよジョーケー！
出《い》でよジョーケー！
ポチッ

ポー!!
は～い
ジョーケーはキモーチ
ジョーケーはキモーチだよ～
みんな元気《げんき》かな
ぼくはジョーケー。情景描写《じょうけいびょうしゃ》から気持《きも》ちを読《よ》み取《と》るプロだよ～。さあ、ぼくの気持《きも》ちはどんなのかな～?
ピピピ
これがジョーケー…
どうして周《まわ》りに風景《ふうけい》があるんですか?
ピピピ
ジョーケーは自分《じぶん》の気持《きも》ちを情景《じょうけい》で表《あらわ》すんだよ。今、ジョーケーはどんな気持《きも》ちか当《あ》ててごらん
めんどくさいやつだな…

さぁ当《あ》ててね～
ピピッ
そうですね。花《はな》が咲《さ》いて鳥《とり》がさえずってるからうれしいんですね
サッ
ペコ～
パチ
パチ
大当《おおあ》たりだよ～！もう5時間目《じかんめ》だからずっと待《ま》ちくたびれてたんだよ
ペタリ
わ
これおれいだよ
呼《よ》んでくれてありがとね～
これ何《なん》ですか？
トランプのジョーカーだよ
ジョーケーはジョーカーの分身《ぶんしん》だからね。
ペリッ
ジョーカーの分身《ぶんしん》？
なんだババか

ガーン！
お、ショックを受《う》けたぞ
どよ〜ん
悲《かな》しくなって…
ぺたん
落《お》ちこんでしまう
どよよ〜ん
あ〜あ
ジョーケーが最《もっと》も気《き》にしてることを言《い》うから…
へへ…
どうすればいいんですか？

簡単《かんたん》だよ。情景《じょうけい》を変《か》えればいいんだ
カチッ
ぱっ
ぱぁあっ
じゃあ、勉強《べんきょう》を始《はじ》めようか
ルンルン
ギコーッ
フン、フンフン♪
とにかくこの文章《ぶんしょう》を読《よ》んでもらおうか。ジョーケー、後《あと》は頼《たの》むよ
ジョーケーオーケーだよ～
ピピッ
ぴらっ

次《つぎ》の文章《ぶんしょう》を読《よ》んで後《あと》の問《と》いに答《こた》えなさい

平安時代末期《へいあんじだいまっき》、京都《きょうと》の町《まち》は荒《あ》れ果《は》てていた。一人《ひとり》の下人《げにん》（身分《みぶん》の低《ひく》い使用人《しようにん》）が羅生門《らしょうもん》（平安京《へいあんきょう》の正門《せいもん》）で雨《あめ》がやむのを待《ま》っている。

しかし、下人《げにん》は雨《あめ》がやんでも、格別《かくべつ》どうしようという当《あ》てはない。ふだんなら、もちろん、主人《しゅじん》の家《いえ》へ帰《かえ》るべきはずである。ところがその主人《しゅじん》からは、四《し》、五日前《ごにちまえ》に（*1）暇《ひま》を出《だ》された。

（中略）

（*2）申《さる》の刻下《こくさ》がりから降《ふ》りだした雨《あめ》は、いまだに上《あ》がる（*3）けしきがない。そこで、下人《げにん》は、何《なに》をおいてもさしあたりあすの暮《く》らしをどうにかしようとして――いわばどうにもならないことを、どうにかしようとして、とりとめもない考《かんが》えをたどりながら、さっきから（*4）朱雀大路《すざくおおじ》にふる雨《あめ》の音《おと》を、聞《き》くともなく聞《き》いていたのである。

雨《あめ》は、羅生門《らしょうもん》をつつんで、遠《とお》くから、ざあっという音《おと》をあつめてくる。夕《ゆう》やみはしだいに空《そら》を低《ひく》くして、見《み》あげると、門《もん》の屋根《やね》が、斜《なな》めにつきだした（*5）甍《いらか》の先《さき》に、重《おも》たくうす暗《ぐら》い雲《くも》をささえている。

芥川龍之介《あくたがわりゅうのすけ》『羅生門《らしょうもん》』より

（*1）暇《ひま》を出《だ》された：仕事《しごと》をやめさせられた
（*2）申《さる》の刻下《こくさ》がり：午後四時過《ごごよじす》ぎ
（*3）けしき：様子《ようす》
（*4）朱雀大路《すざくおおじ》：京《きょう》の中央《ちゅうおう》にある大通《おおどお》り
（*5）甍《いらか》：瓦《かわら》ぶきの屋根

問　この場面《ばめん》における下人《げにん》の気持《きも》ちとして最《もっと》も適当《てきとう》なものを次《つぎ》の中《なか》から1つ選《えら》び、記号《きごう》で答《こた》えなさい。

ア　思《おも》うようにならない自分《じぶん》の運命《うんめい》に怒《おこ》っている。
イ　主人《しゅじん》から仕事《しごと》をやめさせられたことを残念《ざんねん》に思《おも》っている。
ウ　これからどうしていいのかわからず不安《ふあん》に包《つつ》まれている。
エ　明日《あした》からの暮《く》らしを何《なん》とかしようと意気込《いきご》んでいる。
オ　自由《じゆう》の身《み》になり、これから何《なん》でもできることに期待《きたい》を抱《いだ》いている。

は〜い、この問題《もんだい》が解《と》けるかな〜？ジョーケーはキモーチジョーケーはキモーチだよ〜
気持《きも》ちなんてどこにも書《か》いてないよ

※『羅生門《らしょうもん》』（「羅生門《らしょうもん》 杜子春《とししゅん》」岩波少年文庫所収《いわなみしょうねんぶんこしょしゅう》）

だから、情景描写《じょうけいびょうしゃ》を見《み》るんだよ
ヒュ〜〜
雨《あめ》が降《ふ》ってる場面《ばめん》ですね
ぱっ
そうだよ。お嬢《じょう》ちゃんはかしこいね〜
ここだよ〜
雨《あめ》は、羅生門《らしょうもん》をつつんで、遠《とお》くから、ざあっという音《おと》をあつめてくる。夕やみはしだいに空《そら》を低《ひく》くして、見あげると、門《もん》の屋根《やね》が、斜《なな》めにつきだした甍《いらか》の先《さき》に、重《おも》たくうす暗《ぐら》い雲《くも》をささえている。
これがどうかしたの?
?
ムッ
だから情景《じょうけい》のイメージをつかむんだよ
ヒュ〜
イメージって?

情景《じょうけい》からどんな感《かん》じがするかということだよ
ピカッ
情景《じょうけい》にはこの2つのパターンがあってそれぞれのイメージはほぼ決《き》まっているの！

〈明《あか》るい情景《じょうけい》〉

晴《は》れ、青空《あおぞら》、虹《にじ》、朝日《あさひ》、夕日《ゆうひ》、太陽《たいよう》、星《ほし》、新緑《しんりょく》、紅《こう》葉《よう》、花《はな》、月《つき》、小鳥《ことり》、さわやかな風《かぜ》…など。

〈そのイメージ〉

うれしい、楽《たの》しい、充実《じゅうじつ》している、希望《きぼう》に満《み》ちている、安心《あんしん》だ、満足《まんぞく》だ、幸福《こうふく》だ…など

〈暗《くら》い情景《じょうけい》〉

雨《あめ》、雪《ゆき》、雲《くも》、くもり、北風《きたかぜ》、嵐《あらし》、雷《かみなり》、夕暮《ゆうぐ》れ、闇《やみ》、夜《よる》…など。

〈そのイメージ〉

つらい、悲《かな》しい、さびしい、苦《くる》しい、こわい、不安《ふあん》だ、心配《しんぱい》だ、不快《ふかい》だ、がっかりだ…など

なるほど！
「明《あか》るい情景《じょうけい》」は「明《あか》るい気持《きも》ち」、「暗《くら》い情景《じょうけい》」は「暗《くら》い気持《きも》ち」を表《あらわ》すんですね
その通《とお》りだよ～ 夕方《ゆうがた》になって 雨《あめ》が降《ふ》ってるから 下人《げにん》の気持《きも》ちはどれかな～
パクッ
(エ)(オ)は明《あか》るい気持《きも》ちだから×になって、(ア)「怒《おこ》っている」と(イ)「残念《ざんねん》に思《おも》っている」と(ウ)「不安《ふあん》に包《つつ》まれている」が残《のこ》りますね
そしたら 次《つぎ》は人物《じんぶつ》の状況《じょうきょう》と 照《て》らし合《あ》わせて 考《かんが》えるんだよ～
パクッ
パクッ
下人《げにん》は仕事《しごと》をやめさせられ 明日《あした》の暮《く》らしを どうしていいのか わからないんだから… あ、わかりました！
正解《せいかい》は (ウ)です
ウ
これからどうしていいのかわからず不安《ふあん》に包《つつ》まれている。

その通《とお》りだよ〜
さすが、
お嬢《じょう》ちゃんだね〜
パチ
パチ
まとめると
こうなるから
覚《おぼ》えといてね〜
サッ
〈情景描写《じょうけいびょうしゃ》の読《よ》み取《と》り方《かた》〉
最初《さいしょ》に「明《あか》るい情景《じょうけい》」と「暗《くら》い情景《じょうけい》」に分《わ》けて、「明《あか》るい気持《きも》ち」か「暗《くら》い気持《きも》ち」かのイメージをつかむ。
←
次《つぎ》に人物《じんぶつ》の状況《じょうきょう》と照《て》らし合《あ》わせて、より深《ふか》く気持《きも》ちを考《かんが》える。
なんだ。
こんなのぼくでも
わかるよ
ムッ
本当《ほんとう》かな？
それなら
これをやって
みるんだよ〜

次《つぎ》の文章《ぶんしょう》を読《よ》んで後《あと》の問《と》いに答《こた》えなさい

転校生《てんこうせい》のこうすけは、学年《がくねん》は同《おな》じだが一年留年《いちねんりゅうねん》している。無口《むくち》なせいもあって話《はな》し相手《あいて》は「僕《ぼく》（さとる）」しかいない。ある日《ひ》、「僕《ぼく》」はこうすけとザリガニ釣《つ》りをして、大量《たいりょう》のザリガニを捕《と》ることができた。


こうすけは、土手《どて》の草《くさ》の上《うえ》に大《だい》の字《じ》に寝《ね》ころがると、空《そら》を見《み》ながらこういった。

「だけどな、さとる。ザリガニってのも、かわいそうなんだよ」

「どうしてさ」

「アメリカザリガニは、アメリカから来たんだ」

「昔《むかし》から、日本《にほん》にいたんじゃあないの？」

（中略《ちゅうりゃく》）

「ああ、昔《むかし》、戦争《せんそう》があってさあ、食《た》べるものがない時代《じだい》があったんだって。そのとき、ウシガエルを養殖《ようしょく》して、みんなで食《た》べようと、考《かんが》えた人《ひと》がいたんだ。そのウシガエルのエサにするためアメリカから取《と》りよせたのが、この、アメリカザリガニなんだ」

「へーっ、もともとは、ウシガエルのエサだったんだ」

「人間《にんげん》が、勝手《かって》に決《き》めたことだけどな。ザリガニはザリガニだもん」

「こうすけ、よく知《し》ってるね」

「岐阜《ぎふ》のじいちゃんに、聞《き》いたんだ。でも、こいつら、強《つよ》いんだぜ。そのあと、だれもカエルなんて食《た》べないってんで、こいつらも川《かわ》に捨《す》てられたんだよ。見《み》たこともない日本《にほん》の川《かわ》や池《いけ》で、知《し》らない仲間《なかま》たちの中《なか》で、こいつらはふえ続《つづ》けたんだ。今《いま》じゃあ、日本中《にほんじゅう》にいるぜ」

「ザリガニって、強《つよ》いんだ」

「うん、本当《ほんとう》に強《つよ》いよな。捨《す》てられても、泣《な》かないもんな」そういって、こうすけはしばらくの間《あいだ》、黙《だま》りこんだ。

空《そら》はばかみたいに青《あお》く、僕《ぼく》たちは、しばらく黙《だま》って空《そら》を眺《なが》めていた。

そして、味噌蔵《みそくら》の影《かげ》がせまるころ、帰《かえ》ることにした。昼間《ひるま》、待《ま》ち合《あ》わせた神社《じんじゃ》で、こうすけと別《わか》れてから、僕《ぼく》は全力《ぜんりょく》で走《はし》った。頬《ほお》にあたる風《かぜ》が気持《きも》ちよく、息《いき》が切《き》れても、息《いき》が切《き》れても走《はし》りつづけた。

僕《ぼく》が、こうすけに両親《りょうしん》がいないと知《し》ったのは、それからずいぶんあとのことだった。

阿部夏丸《あべなつまる》『泣《な》けない魚《さかな》たち』より

問　この場面《ばめん》における「僕《ぼく》」の気持《きも》ちを説明《せつめい》した文章《ぶんしょう》として正《ただ》しいものを次《つぎ》の中《なか》から１つ選《えら》び、記号《きごう》で答《こた》えなさい。

ア　両親《りょうしん》のいないこうすけをかわいそうに思《おも》い、助《たす》けてあげたいと思《おも》っている。
イ　こうすけがザリガニについてよく知《し》っているので、うらやましいと思《おも》っている。
ウ　こうすけがザリガニのことを「強《つよ》くて、泣《な》かない」と言《い》ったので、面白《おもしろ》いと思《おも》っている。
エ　ザリガニのように強《つよ》く生《い》きているこうすけに比《くら》べて、自分《じぶん》は情《なさ》けないと思《おも》っている。
オ　友人《ゆうじん》のいないこうすけと親《した》しくなることができて、うれしく思《おも》っている。

※『泣《な》けない魚《さかな》たち』（「泣《な》けない魚《さかな》たち」講談社文庫所収《こうだんしゃぶんこしょしゅう》）

ヒューーッ
さぁ、わかるかな 土手《どて》の場面《ばめん》だけだから「場面分《ばめんわ》け」はしないでよ〜く考《かんが》えてね
簡単《かんたん》だよ 情景描写《じょうけいびょうしゃ》に注意《ちゅうい》すれば いいでしょ
ここだよね
空《そら》はばかみたいに青《あお》く… 頬《ほお》にあたる風《かぜ》が気持《きも》ちよく…
ゴロゴロ…
うっ
明《あか》るい情景《じょうけい》は 明《あか》るい気持《きも》ちを表《あらわ》すから ㋒と㋔になるよね
ウ　こうすけがザリガニのことを「強《つよ》くて、泣《な》かない」と言《い》ったので、面白《おもしろ》いと思《おも》っている。
オ　友人《ゆうじん》のいないこうすけと親《した》しくなることができて、うれしく思《おも》っている。

(ア)はなんで×なのかな？
「かわいそうに思《おも》う」というのは「空《そら》はばかみたいに青《あお》く」とか「風《かぜ》が気《き》持《も》ちよく」と感《かん》じが違《ちが》うよ。それに、両親《りょうしん》がいないことは後《あと》から知《し》ったんだからこの場面《ばめん》とは関係《かんけい》ないよ
ぱぁ…
ううっ…
後《あと》は人物《じんぶつ》の状況《じょうきょう》と照《て》らし合《あ》わせればいいから、(ウ)が×になって答《こた》えは(オ)だよ
(ウ)は面白《おもしろ》いとあるけど、「強《つよ》くて、泣《な》かない」という言葉《ことば》が面白《おもしろ》かったとは書《か》いてないよ
コクリ
私《わたし》もそう思《おも》います
ザリガニ釣《つ》りでこうすけ君《くん》と触《ふ》れあうことができたので、うれしかったんだと思《おも》います
ぱぁぁ…!!

ぴか〜〜っ
すご〜い
正解《せいかい》だよ〜！
いえ〜い！
みんなえらいね〜
これで情景描写《じょうけいびょうしゃ》を
読《よ》み取《と》るコツが
わかったかな〜
は〜い！
ひら
ひら
ひら

それじゃ、これで
ぼくの役目《やくめ》も終《お》わり
だから、みんなと
同化《どうか》するよ～
キラ
キラ…
ジョーケーは
キモーチ
ポン！
わ、ジョーケーが
入《はい》ってきた
??
そんなことは
ないよ
あれ？
何《なに》も変《か》わりませんね
ひらっ
上《うえ》を
見《み》てごらん

ジョーケーはキモーチ♪
ジョーケーはキモーチ♪
みんなよかったね
にこっ
じゃあ5時間目《じかんめ》のおさらい
物語文《ものがたりぶん》に描《えが》かれる「情景描写《じょうけいびょうしゃ》」は、登場人物《とうじょうじんぶつ》の気持《きも》ちを表《あらわ》す場合《ばあい》が多《おお》い。明《あか》るい情景《じょうけい》は明《あか》るい気持《きも》ちを、暗《くら》い情景《じょうけい》は暗《くら》い気持《きも》ちを表《あらわ》すので、最初《さいしょ》にイメージをつかんだら、状況《じょうきょう》に照《て》らし合《あ》わせてより深《ふか》く気持《きも》ちを考《かんが》えていこう。

第《だい》3章《しょう》

問題文特有《もんだいぶんとくゆう》の設問《せつもん》の解《と》き方《かた》を身《み》につけよう！

さて、これで5匹《ひき》のスケモンをゲットしたね。あと2匹《ひき》で君《きみ》たちは物語文《ものがたりぶん》の読解《どっかい》マスターになれるよ！
やった！次《つぎ》はどんなのかな？
わくわくしますね
6時間目《じかんめ》と7時間目《じかんめ》に登場《とうじょう》するのは問題《もんだい》の解《と》き方《かた》を教《おし》えるスケモンだよ。これをゲットしたらもう物語文《ものがたりぶん》で怖《こわ》いものはないからね
わ〜い！
楽《たの》しみです
よし、それじゃ3章《しょう》に行《い》ってみよう!!

6 時間目《じかんめ》

傍線部内《ぼうせんぶない》や傍線部《ぼうせんぶ》の近《ちか》くにある「指示語《しじご》」は、問題《もんだい》の答《こた》えにつながる。

さて、6時間《じかん》目《め》は「指示語《しじご》」がある場合《ばあい》の設問《せつもん》の解《と》き方《かた》について教《おし》えよう
指示語《しじご》なら知《し》ってます。「これ」とか「それ」とかいう言葉《ことば》でしょ？国語《こくご》の授業《じゅぎょう》で習《なら》いました
そうだね 指示語《しじご》は「こそあど言葉《ことば》」とも呼《よ》ばれていて まとめるとこんな風《ふう》になるよ

●事物《じぶつ》を示《しめ》す…これ、それ、あれ、どれ

●場所《ばしょ》を示《しめ》す…ここ、そこ、あそこ、どこ

●方向《ほうこう》を示《しめ》す…こちら（こっち）、そちら（そっち）、あちら（あっち）、どちら（どっち）

●もの（名詞《めいし》）に続《つづ》く…この（こんな）、その（そんな）、あの（あんな）、どの（どんな）

●動《うご》き（動詞《どうし》）に続《つづ》く…こう、そう、ああ、どう

うわ～、こんなにあるんだ
大丈夫《だいじょうぶ》 実際《じっさい》に使《つか》われるのは「こ」と「そ」がほとんどだから
★「こ」…これ、ここ、この、こう、こんな、このような
★「そ」…それ、そこ、その、そう、そんな、そのような
ほっ
これならぼくでもわかるよ

でも 指示語《しじご》って いろんなものを 指《さ》す言葉《ことば》でしょ それで気持《きも》ちが わかるんですか？
いい質問《しつもん》だね たしかに指示語《しじご》を 理解《りかい》するだけでは 気持《きも》ちはわからないよ
ぐっ
でも、傍線部内《ぼうせんぶない》や傍線部《ぼうせんぶ》の近《ちか》くに 指示語《しじご》があった場合《ばあい》は スーパーパワーを発揮《はっき》するんだ
詳《くわ》しくは指示語《しじご》の 奥義《おうぎ》を体得《たいとく》した シージーに 教《おし》えてもらおう
シージーって？
銀河系《ぎんがけい》の彼方《かなた》から 来《き》てくれたスケモンだよ。 この世《よ》のすべてを知《し》っているから 指示語《しじご》のスーパーパワーに ついても教《おし》えてくれるよ
なんか オーバーだな

シージーは偉大《いだい》なスケモンだからね。みんなで呼《よ》んでみようか
出《い》でよシージー!
出《い》でよシージー!
ボヨヨ〜ン!!
ポン
シージーとともに解《と》かんことを

これがシージーですか
どこかで見《み》たことがあるような…
あ、そうか！仙人《せんにん》のコスプレしてるんだね
アハハ！
ギロリ
ブォン
フワッ
ぎょっ
バタ
バタ
わ～どうなってるの？
ふわ～

すっ
ギーンッ!!
よろ‥
イテテテ…
大丈夫?
ふんっ
つまらぬことを言《い》うからじゃ!
お手《て》やわらかに頼《たの》みます
それじゃ、シージー指示語《しじご》のスーパーパワーについて教《おし》えてもらえますか?
ふん
まぁ ええじゃろ

よいか 指示語《しじご》には真理《しんり》を導《みちび》く宇宙《うちゅう》のパワーが凝縮《ぎょうしゅく》しておるのじゃ
設問《せつもん》に指示語《しじご》があった場合《ばあい》その指示語《しじご》が何《なに》を指《さ》すかを考《かんが》えればおのずと答《こた》えが見《み》えてくるのじゃ
本当《ほんとう》ですか？
本当《ほんとう》だよ。実際《じっさい》の問題《もんだい》で説明《せつめい》しよう
問題《もんだい》は1つの場面内《ばめんない》でのお話《はなし》だから最初《さいしょ》に「場面分《ばめんわ》け」をする必要《ひつよう》はないからね

次《つぎ》の文章《ぶんしょう》を読《よ》んで後《あと》の問《と》いに答《こた》えなさい

11歳《さい》の少年《しょうねん》、太郎《たろう》は死《し》んだ父《ちち》がねむるヒマラヤの山《やま》を山岳《さんがく》ガイドとともに登《のぼ》っている。

もうほとんど暗《くら》くなった道《みち》を、太郎《たろう》は一歩《いっぽ》一歩《いっぽ》ふみしめて登《のぼ》っていった。風《かぜ》の音《おと》も木《こ》の葉《は》のざわめきもきこえない。きこえてくるのは自分《じぶん》の足音《あしおと》と息《いき》の音《おと》だけ。それがものすごく大《おお》きくきこえる。あまりの物音《ものおと》に、ちょっと足《あし》をとめてみた。たちまち耳《みみ》がつんとするほどしずかになった。

（中略《ちゅうりゃく》）

こんなにもしずかだと、いま、この大《おお》きな山《やま》のかたまりの中《なか》で生《い》きているのはたったひとり、という気《き》がしてくる。こわいような、でもちょっとばかりとくいな気《き》もする。いままでに経験《けいけん》したことのないようなしずけさだったよって、母《はは》に話《はな》してやろう。すると太郎《たろう》はいきなり気《き》がついた。

父《ちち》はこんなしずかなどこかで、いままでずーっと、それからこれからもずーっとよこたわりつづける。

鼻《はな》の奥《おく》がつんとして、思《おも》いがけず涙《なみだ》がわいてきた。

これはだめだ。母《はは》には話《はな》せない。きっと母《はは》も泣《な》いてしまう。

大塚篤子《おおつかあつこ》『風《かぜ》にみた夢《ゆめ》—11歳《さい》、ヒマラヤへの旅《たび》』より

問　傍線部《ぼうせんぶ》に「これはだめだ。母《はは》には話《はな》せない」とありますが、太郎《たろう》が母《はは》に話《はな》せないと思《おも》ったことを次《つぎ》の中《なか》から1つ選《えら》び、記号《きごう》で答《こた》えなさい。

ア　山《やま》の中《なか》には自分《じぶん》一人《ひとり》しかいないことを感《かん》じて、こわくなってしまったこと。
イ　父《ちち》が眠《ねむ》る山《やま》は、今《いま》まで経験《けいけん》したことのないような静《しず》けさに包《つつ》まれていたこと。
ウ　父《ちち》がこの大《おお》きな山《やま》のかたまりの中《なか》で、これからもずっと眠《ねむ》り続《つづ》けること。
エ　ヒマラヤを一人《ひとり》で登《のぼ》っている時《とき》、少《すこ》しだけとくいな気持《きも》ちになったこと。

※『風《かぜ》にみた夢《ゆめ》—11歳《さい》、ヒマラヤへの旅《たび》』（ポプラ社《しゃ》）

ううう～……
今、宇宙《うちゅう》から
パワーを
もらってるんだ
へ～～～
ゴオオオオ
喝～～!!
どかん!!

お姉《ねえ》ちゃん、見《み》て。
文章《ぶんしょう》にマークが浮《う》かび上《あ》がったよ！
すご〜い！
いままでに経験《けいけん》したことのないような
しずけさだったよって、母《はは》に話《はな》してやろ
う。すると太郎《たろう》はいきなり気《き》がついた。
父《ちち》はこんなしずかなどこかで、いまま
でずーっと、それからこれからもずーっ
とよこたわりつづける。
鼻《はな》の奥《おく》がつんとして、思《おも》いがけず涙《なみだ》が
わいてきた。
これはだめだ。母《はは》には話《はな》せない。きっ
と母《はは》も泣《な》いてしまう。
よいか
傍線部《ぼうせんぶ》に「これ」という指示語《しじご》があるじゃろう。
指示語《しじご》を見《み》つけたらそれが指《さ》す内容《ないよう》を考《かん》えるのじゃ
この場合《ばあい》は「いままでに経験《けいけん》したことのないようなしずけさだったよ」じゃな。
それがわかれば答《こた》えはおのずと出《で》るじゃろう

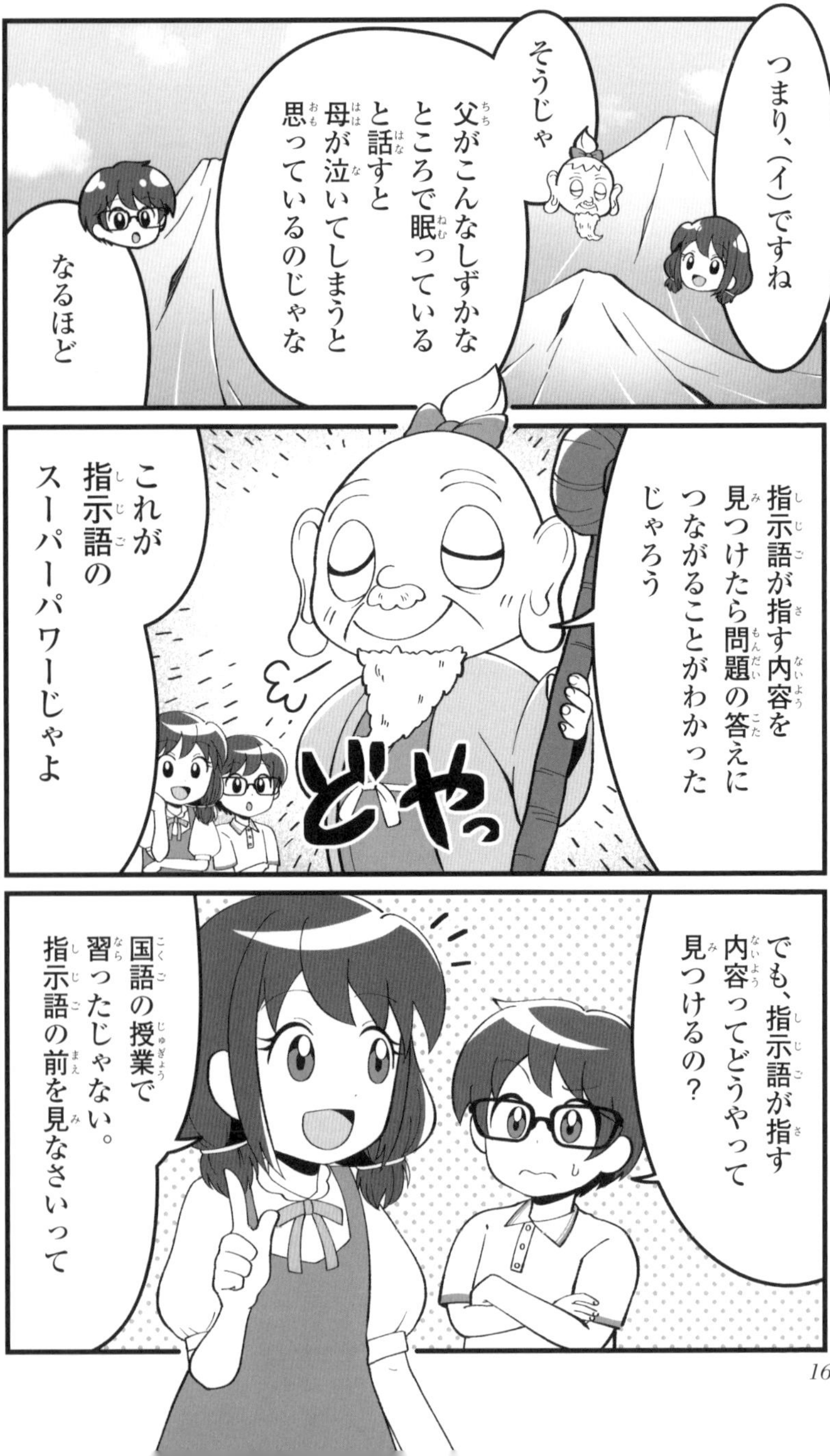
つまり、(イ)ですね
そうじゃ
父《ちち》がこんなしずかなところで眠《ねむ》っていると話《はな》すと母《はは》が泣《な》いてしまうと思《おも》っているのじゃな
なるほど
指示語《しじご》が指《さ》す内容《ないよう》を見《み》つけたら問題《もんだい》の答《こた》えにつながることがわかったじゃろう
どやっ
これが指示語《しじご》のスーパーパワーじゃよ
でも、指示語《しじご》が指《さ》す内容《ないよう》ってどうやって見《み》つけるの?
国語《こくご》の授業《じゅぎょう》で習《なら》ったじゃない。指示語《しじご》の前《まえ》を見《み》なさいって

くわっ
それは
違《ちが》うのじゃ!
びくうっ
うわっ
びっくりした
何《なに》が違《ちが》うん
ですか?
指示語《しじご》の前《まえ》
だけではなく
後《うし》ろも見《み》るのじゃ!
どういうことですか?
これを
見《み》るのじゃ
ぺらっ

A：校庭《こうてい》にサッカーボールが転《ころ》がっていた。それは私《わたし》がしまい忘《わす》れたものだった。

B：校庭《こうてい》にサッカーボールが転《ころ》がっていた。それは今朝《けさ》のことだった。

AとBは後《うし》ろの文《ぶん》によって「それ」の指《さ》し示《しめ》す内容《ないよう》が違《ちが》ってくるじゃろう？
A
B
たしかにAの「それ」は「サッカーボール」だけどBの「それ」は「校庭《こうてい》にサッカーボールが転《ころ》がっていたこと」ですね

その通《とお》りじゃ
同《おな》じ指示語《しじご》でも後《うし》ろの文《ぶん》によって指《さ》す内容《ないよう》が違《ちが》ってくるのじゃ。だからこそ後《うし》ろも見《み》なくてはならんのじゃよ
後《うし》ろも見《み》るのはわかったけどどうやって指示語《しじご》が指《さ》す内容《ないよう》を見《み》つければいいのかわかんないよ
??
仕方《しかた》がないのぉ。それでは指示内容《しじないよう》を簡単《かんたん》に探《さが》せる2つの奥義《おうぎ》を伝授《でんじゅ》してやろう
これじゃ！
ブォン!!

〈指示語《しじご》が指《さ》す内容《ないよう》を簡単《かんたん》に探《さが》せる奥義《おうぎ》　その1〉

指示語《しじご》が「これ・それ」の場合《ばあい》

指示語《しじご》の代《か》わりに「何《なに》が？」「何《なに》を？」「何《なに》に？」などを用《もち》いて、指示語《しじご》以降《いこう》を疑問文《ぎもんぶん》にして、答《こた》えを文章内《ぶんしょうない》から探《さが》す。その答《こた》えが指示語《しじご》の指《さ》す内容《ないよう》となる（ほぼ指示語《しじご》の前《まえ》にある）。

●校庭《こうてい》にサッカーボールが転《ころ》がっていた。それは私《わたし》がしまい忘《わす》れたものだった。

←「それ」の代《か》わりに「何《なに》を？」を用《もち》いて、指示語《しじご》以降《いこう》を疑問文《ぎもんぶん》にする。

〈何《なに》を私《わたし》はしまい忘《わす》れたの？〉

←疑問文《ぎもんぶん》の答《こた》えを文章内《ぶんしょうない》から探《さが》す。

サッカーボール（それ＝サッカーボール）

●校庭《こうてい》にサッカーボールが転《ころ》がっていた。それは今朝《けさ》のことだった。

←「それ」の代《か》わりに「何《なに》が？」を用《もち》いて、指示語《しじご》以降《いこう》を疑問文《ぎもんぶん》にする。

〈何《なに》が今朝《けさ》のことだったの？〉

←疑問文《ぎもんぶん》の答《こた》えを文章内《ぶんしょうない》から探《さが》す。

校庭《こうてい》にサッカーボールが転《ころ》がっていたこと

（それ＝校庭《こうてい》にサッカーボールが転《ころ》がっていたこと）

〈指示語《しじご》が指《さ》す内容《ないよう》を簡単《かんたん》に探《さが》せる奥義《おうぎ》　その2〉

指示語《しじご》が「ここ・そこ」「この・その」「こう・そう」「こんな・そんな」「このような・そのような」などの場合《ばあい》

指示語内《しじごない》の「こ」や「そ」を「ど」に置《お》き換《か》えた言葉《ことば》を用《もち》いて、指示語以降《しじごいこう》を疑問文《ぎもんぶん》にして、答《こた》えを文章内《ぶんしょうない》から探《さが》す。その答《こた》えが指示語《しじご》の指《さ》す内容《ないよう》となる（ほぼ指示語《しじご》の前《まえ》にある）。

「**この・その**」→「**どの？**」（「何《なん》の？」が合《あ》う場合《ばあい》もある）

「**こんな・そんな**」→「**どんな？**」

「**このような・そのような**」→「**どのような？**」

●校庭《こうてい》にサッカーボールが転《ころ》がっていた。そんなことは初《はじ》めてだった。

→「そんな」の代《か》わりに「どんな？」を用《もち》いて、**指示語以降《しじごいこう》を疑問文《ぎもんぶん》にする。**

〈どんなことが初《はじ》めてだったの？〉

→**疑問文《ぎもんぶん》の答《こた》えを文章内《ぶんしょうない》から探《さが》す。**

校庭《こうてい》にサッカーボールが転《ころ》がっていたこと

（そんな＝校庭《こうてい》にサッカーボールが転《ころ》がっていた）

ともかくこの奥義《おうぎ》を使《つか》って問題《もんだい》を解《と》いてみよう。そうすればわかってくるよ
うわ、長《なが》っ！

次《つぎ》の文章《ぶんしょう》を読《よ》んで後《あと》の問《と》いに答《こた》えなさい

お父《とう》さんが亡《な》くなってから、元気《げんき》だったサチの顔《かお》から笑顔《えがお》が消《き》えた。友達《ともだち》とも遊《あそ》ばなくなり、いつもうつむき加減《かげん》に歩《ある》くようになった。

トモはそんなサチを心配《しんぱい》して、いろいろと話《はな》しかけるのだが、サチは「うん」とか「まぁ」とか答《こた》えるだけだった。人《ひと》づてに聞《き》いたことだが、サチのお母《かあ》さんは仕事《しごと》に出《で》るようになり、夜《よる》おそくまで帰《かえ》ってこないという。ぽつんと一人《ひとり》で夕飯《ゆうはん》を食《た》べているサチの姿《すがた》を思《おも》うと、トモの胸《むね》が痛《いた》んだ。

クラスのホームルームで、冬休《ふゆやす》みに何《なに》をするかという話題《わだい》になった時《とき》も、「家族《かぞく》で帰省《きせい》する」「ディズニーランドに行《い》く」というクラスメイトの声《こえ》を聞《き》きながら、サチは寂《さび》しそうに笑《わら》っていた。

「なあ、今度《こんど》の日曜《にちよう》〝ひょうたん山《やま》〟に行《い》ってみないか？」

放課後《ほうかご》、トモはサチを誘《さそ》ってみた。〝ひょうたん山《やま》〟というのは、町《まち》の裏《うら》にあるひょうたん形《がた》をした丘《おか》のことである。

「うん……」

サチがあいまいな返事《へんじ》しかしなかったので、「お昼《ひる》に待《ま》ってるからな」と念《ねん》を押《お》した。

その日《ひ》、本当《ほんとう》にサチが来《く》るのか気《き》になっていたが、昼《ひる》を少《すこ》し過《す》ぎたころ、だぶだぶのコートを着《き》たサチがやってきた。

「こんなとこで何《なに》をするの？」

「秘密《ひみつ》の基地《きち》があるんだ。ちょっと来《き》なよ」

トモは腕《うで》を取《と》るようにして、サチを雑木林《ぞうきばやし》の中《なか》に連《つ》れていった。水路《すいろ》の横《よこ》に、朽《く》ちた小屋《こや》があるのだ。

「何《なに》、ここ……」

「おれたちのゲーム小屋《ごや》だよ」

「ゲーム小屋？」

「いいから、いいから」

戸板《といた》をガタガタと開《あ》けて、サチを中《なか》に入《い》れた。もとは物置小屋《ものおきごや》だったようだが、誰《だれ》も使《つか》っていないのをいいことに、ケイタやコージらとゲームをする場所《ばしょ》にしていたのだ。壁《かべ》の棚《たな》には、みんなが持《も》ち寄《よ》ったゲームソフトや攻略本《こうりゃくぼん》がたくさん置《お》いてある。

サチが興味深《きょうみぶか》そうに見《み》ていたので、「これ面白《おもしろ》いよ」と棚《たな》からゲームソフトを取《と》って渡《わた》した。

「集《あつ》まれ、どうぶつ家族《かぞく》」という人気《にんき》ゲームだ。森《もり》から様々《さまざま》な動物《どうぶつ》を見《み》つけ出《だ》して、理想《りそう》の家族《かぞく》を作《つく》るというものだ。パッケージには、キツネやウサギ、リスといった動物《どうぶつ》たちが、家族《かぞく》のように暮《く》らすイラストが描《えが》かれている。

サチはしばらくそれを見《み》ていたが、急《きゅう》に「こんなのつまらないよ」と言《い》って放《ほう》り投《な》げてしまった。

トモはその意味《いみ》がよくわからなかった。

問　傍線部《ぼうせんぶ》「こんなのつまらないよ」からゲームに対《たい》するサチのどのような気持《きも》ちがわかりますか。次《つぎ》の中《なか》から最《もっと》も適当《てきとう》なものを選《えら》び、記号《きごう》で答《こた》えなさい。

ア　うらやましい　　イ　気味《きみ》が悪《わる》い　　ウ　かわいくない　　エ　ばかばかしい

まずは「場面分け《ばめんわ》」をしてみようよ
？
どこで分《わ》けられるの？

こんな感《かん》じじゃないかしら

★最初《さいしょ》の場面《ばめん》（サチについての説明《せつめい》）

お父《とう》さんが亡《な》くなってから、元気《げんき》だったサチの顔《かお》から笑顔《えがお》が消《き》えた。友達《ともだち》とも遊《あそ》ばなくなり、いつもうつむき加減《かげん》に歩《ある》くようになった。

（中略《ちゅうりゃく》）

クラスのホームルームで、冬休《ふゆやす》みに何《なに》をするかという話題《わだい》になった時《とき》も、「家族《かぞく》で帰省《きせい》する」「ディズニーランドに行《い》く」というクラスメイトの声《こえ》を聞《き》きながら、サチは寂《さび》しそうに笑《わら》っていた。

★2番目《ばんめ》の場面《ばめん》（放課後《ほうかご》、トモがサチを誘《さそ》う）→話題《わだい》が変化《へんか》している。

「なあ、今度《こんど》の日曜《にちよう》〝ひょうたん山《やま》〟に行《い》ってみないか？」

（中略《ちゅうりゃく》）

サチがあいまいな返事《へんじ》しかしなかったので、「お昼《ひる》に待《ま》ってるからな」と念《ねん》を押《お》した。

★3番目《ばんめ》の場面《ばめん》（日曜《にちよう》のひょうたん山《やま》での行動《こうどう》）→時間《じかん》と場所《ばしょ》が変化《へんか》している。

その日《ひ》、本当《ほんとう》にサチが来《く》るのか気《き》になっていたが、昼《ひる》を少《すこ》し過《す》ぎたころ、だぶだぶのコートを着《き》たサチがやってきた。

（中略《ちゅうりゃく》）

トモはその意味《いみ》がよくわからなかった。

え～と傍線部《ぼうせんぶ》に「こんな」っていう指示語《しじご》があるからまずはこの指示語《しじご》が指《さ》す内容《ないよう》を探《さが》すんだったね
「こんなのつまらないよ」と言《い》ってすぐに顔《かお》をそむけてしまった。
〈シージーの奥義《おうぎ》その2〉にしたがって、「こんな」の「こ」を「ど」に置《お》き換《か》えて「どんな?」にしてから疑問文《ぎもんぶん》を作《つく》ると「どんなのがつまらないの?」となるね
●こんなのつまらないよ
↓
●どんなのがつまらないの?
次《つぎ》は、サチさんの見《み》たくないものを指示語《しじご》の前《まえ》から探《さが》せばいいのね
うーん…
はっ
わかった!「集《あつ》まれ、どうぶつ家族《かぞく》」というゲームがつまらないって言《い》ってるんだ

確《たし》かにそうだけど「どんなの」っていうのはゲームじゃなくてパッケージのイラストのことなんじゃない？
そうか
パッケージのイラストは…
あ、ここに書《か》いてあるよ
「集《あつ》まれ、どうぶつ家族《かぞく》」という人気《にんき》ゲームだ。森《もり》から様々《さまざま》な動物《どうぶつ》を見《み》つけ出《だ》して、理想《りそう》の家族《かぞく》を作《つく》るというものだ。パッケージには、キツネやウサギ、リスといった動《どう》物《ぶつ》たちが、家族《かぞく》のように暮《く》らすイラストが描《えが》かれている。
サチはしばらくそれを見《み》ていたが、急《きゅう》に「こんなのつまらないよ」と言《い》って放《ほう》り投《な》げてしまった。
指示語《しじご》が指《さ》す内容《ないよう》はわかったけどこれで気持《きも》ちがわかるの？

サチさんのことを考《かんが》えればいいのよ「場面分《ばめんわ》けの法則《ほうそく》　その2」ね
コクッ
各場面《かくばめん》の気持《きも》ちは、それまでの内容《ないよう》を受《う》ける。
つまり、それまでのサチさんの気持《きも》ちを考《かんが》えるんだね
そういうこと
サチさんのお父《とう》さんが亡《な》くなってお母《かあ》さんは夜遅《よるおそ》くまで働《はたら》くようになったんでしょ。その時《とき》の気持《きも》ちは「くっつき言葉《ことば》」に表《あらわ》れてると思《おも》うよ
クッツーキが教《おし》えてくれたやつだね
抜《ぬ》き出《だ》してみようか
●（1行目）友達《ともだち》とも遊《あそ》ばなくなりいつもうつむき加減《かげん》に歩《ある》くようになった。
●（4行目）ぽつんと一人《ひとり》で夕飯《ゆうはん》を食《た》べているサチの姿《すがた》
●（7行目）サチは寂《さび》しそうに笑《わら》っていた

あ、わかるよ
悲《かな》しくて、寂《さび》しくて、
元気《げんき》をなくしてるんだ。
コクッ
ぎゅ…
そうだね。
まとめるとこんな
感《かん》じかしら
●友達《ともだち》とも遊《あそ》ばなくなり、いつもうつむき加減《かげん》に歩《ある》くようになった。
→落《お》ちこんでいて元気《げんき》のない様子《ようす》が表《あらわ》れている。
●ぽつんと一人《ひとり》で夕飯《ゆうはん》を食《た》べているサチの姿《すがた》
→両親《りょうしん》がいなくて寂《さび》しい気持《きも》ちが表《あらわ》れている。
●サチは寂《さび》しそうに笑《わら》っていた。
→みんなのように冬休《ふゆやす》みを楽《たの》しくすごせない寂《さび》しさや悲《かな》しさが表《あらわ》れている。
サチさんは
そんな時《とき》に
このゲームのイラストを
見《み》たのね。

指示語《しじご》が指《さ》す内容《ないよう》を
もう一度《いちど》確認《かくにん》
してみようよ
キツネやウサギ、リスといった
動物《どうぶつ》たちが、家族《かぞく》のように暮《く》ら
すイラストが描《えが》かれている。
あ
「ような言葉《ことば》」を
見《み》つけた！
これは状況《じょうきょう》を詳《くわ》しく
説明《せつめい》する
「ような言葉《ことば》」ね
キツネやウサギ、リスといった動物《どうぶつ》たちが、
家族《かぞく》のように（状況《じょうきょう》を説明《せつめい》している）暮《く》らす
イラストが描《えが》かれている
→たくさんの動物《どうぶつ》が集《あつ》まって仲良《なかよ》く暮《く》らしている
ことを説明《せつめい》している

そうか
仲良《なかよ》く暮《く》らす
動物《どうぶつ》たちの様子《ようす》は
サチさんの
気持《きも》ちとまったく
逆《ぎゃく》だから、答《こた》えは(ア)の
「うらやましい」だ。
このゲームのイラストを
見《み》るとうらやましくなるから
「つまらないよ」と言《い》ったんだね
ポン!
間違《まちが》いないと
思《おも》うよ
くるっ
どうですか?
ゴ
ゴゴっ
ドキ
ドキ
ゴゴ
ゴ
ゴ

よくできたな。正解《せいかい》じゃ！
ぱぁ あぁぁっ！
これで指示語《しじご》の奥義《おうぎ》をマスターできたようじゃの
やった〜！
ばっ
よかったね。じゃあ、これからはシージーと一緒《いっしょ》だよ
シージー同化《どうか》！
キラ キラ
うむ
シージーとともにあらんことを
シュッ
わ
ポン!!

シージーが頭《あたま》の中《なか》に入《はい》ってきた
はっ
パワーがみなぎった感《かん》じがします
ゴォ〜
ぼくもだよ
シージーとともに解《と》かんことを
さっ
さっ
シージーポーズ
手《て》で指示語《しじご》の「し」をつくって…
胸《むね》の前《まえ》でかまえよう…
ありゃシージーのパワーが強《つよ》すぎたかな
それじゃおさらい
傍線部内《ぼうせんぶない》やその近《ちか》くに「指示語《しじご》」がある場合《ばあい》、指示語《しじご》の指《さ》す内容《ないよう》が問題《もんだい》の答《こた》えにつながる。指示語《しじご》の指《さ》す内《ない》容《よう》がわからない場合《ばあい》には、指示内容《しじないよう》を簡単《かんたん》に探《さが》せる2つの奥義《おうぎ》を使《つか》って本文内《ほんぶんない》から探《さが》してみよう。また、指《し》示語《じご》は広《ひろ》い部分《ぶぶん》を指《さ》す場合《ばあい》もあるので、注意《ちゅうい》が必要《ひつよう》だ。

7 時間目《じかんめ》

人物《じんぶつ》の「気持《きも》ち」や「行動《こうどう》」の理由《りゆう》を聞《き》いてくる問題《もんだい》は、「きっかけ探《さが》し」で答《こた》えを見《み》つけよう。

グッ
いよいよ7時間目《じかんめ》になったね。これをマスターしたら物語文《ものがたりぶん》の読解《どっかい》マスターになれるから、しっかり勉強《べんきょう》しようね
は〜い!
最後《さいご》は「きっかけ探《さが》し(※)」について説明《せつめい》しよう。
「きっかけ探《さが》し」って何《なん》ですか?
人《ひと》がいろんな気持《きも》ちになったり行動《こうどう》を起《お》こしたりする時《とき》には必《かなら》ず何《なに》か「きっかけ」があるんだその「きっかけ」を探《さが》すことだよ
なんかよくわからないな

(※)「きっかけ探《さが》し」とはあくまで本書《ほんしょ》における呼《よ》び名《な》であり、一般的《いっぱんてき》な国《こく》語学習《ごがくしゅう》においては因果関係《いんがかんけい》の１つとして学《まな》びます。

じゃあ、これを見《み》てごらん
私《わたし》はオセロゲームで負《ま》けて、悔《くや》しかった。
どうして「私《わたし》」は悔《くや》しかったのかな？
簡単《かんたん》だよ。オセロゲームで負《ま》けたからだよ
そうだね この文章《ぶんしょう》を分析《ぶんせき》するとこうなるよ
私《わたし》はオセロゲームで負《ま》けて、悔《くや》しかった。
(状況《じょうきょう》)
きっかけ →
(気持《きも》ち)
オセロゲームで負《ま》けたという「状況《じょうきょう》」が「きっかけ」となって悔《くや》しいという「気持《きも》ち」が生《しょう》じたんだね
うん。これならわかるよ

じゃ、次《つぎ》はどうだろう
ぼくはサッカー部《ぶ》でレギュラーになりたいので、毎日《まいにち》ドリブルの練習《れんしゅう》をした。
「ぼく」はどうして毎日《まいにち》ドリブルの練習《れんしゅう》をしたのかな？
これも簡単《かんたん》だよ。サッカー部《ぶ》でレギュラーになりたいからだよ
そうだね。レギュラーになりたいという「気持《きも》ち」が「きっかけ」となって毎日《まいにち》ドリブルをするという「行動《こうどう》」になったんだね
ぼくはサッカー部《ぶ》でレギュラーになりたいので、
(気持《きも》ち)↑きっかけ
毎日《まいにち》ドリブルの練習《れんしゅう》をした。
(行動《こうどう》)

こんな風《ふう》に登場人物《とうじょうじんぶつ》の「気持《きも》ち」や「行動《こうどう》」に至《いた》った「きっかけ」を考《かんが》えることが「きっかけ探《さが》し」なんだ
フム フム
それはわかったけど なんで「きっかけ探《さが》し」が重要《じゅうよう》なの？
「きっかけ」を探《さが》せば入試《にゅうし》でよく出《で》る「気持《きも》ち」や「行動《こうどう》」の理由《りゆう》を聞《き》いてくる問題《もんだい》が解《と》けるからだよ
どういうことですか？
これを見《み》てごらん
「気持《きも》ち」や「行動《こうどう》」の理由《りゆう》を聞《き》いてくる問題《もんだい》はだいたいこうなってるよね
〈「気持《きも》ち」の理由《りゆう》を聞《き》いてくる問題《もんだい》の例《れい》〉
★どうして傍線部《ぼうせんぶ》のような気持《きも》ちになったのか、次《つぎ》の中《なか》から選《えら》びなさい
★傍線部《ぼうせんぶ》のような気持《きも》ちになった理由《りゆう》を書《か》きなさい…
など
〈「行動《こうどう》」の理由《りゆう》を聞《き》いてくる問題《もんだい》の例《れい》〉
★どうして傍線部《ぼうせんぶ》のようなことをしたのか、次《つぎ》の中《なか》から選《えら》びなさい
★傍線部《ぼうせんぶ》のようなことをした理由《りゆう》を書《か》きなさい…
など
たしかにそうですね

こういう問題《もんだい》は「きっかけ探《さが》し」で解《と》けるんだよ。実際《じっさい》に試《ため》してみようか

次《つぎ》の文章《ぶんしょう》を読《よ》んで後《あと》の問《と》いに答《こた》えなさい

駅《えき》の階段《かいだん》を下《お》りて、ロータリーの奥《おく》にあるバスの停留所《ていりゅうじょ》に行《い》こうとしたけれど、横断歩道《おうだんほどう》の信号《しんごう》が赤《あか》になっていて渡《わた》ることができない。停留所《ていりゅうじょ》の方《ほう》に目《め》をやると、停車中《ていしゃちゅう》のバスにエンジンがかけられ、いまにも発車《はっしゃ》しそうな音《おと》を上《あ》げている。ナツミは信号《しんごう》が青《あお》になるとすぐ走《はし》り出《だ》したが、停留所《ていりゅうじょ》に着《つ》く寸前《すんぜん》にバスは乗車口《じょうしゃぐち》のドアを閉《し》めてしまった。運転手《うんてんしゅ》がちらっとナツミの方《ほう》を見《み》たので、開《あ》けてくれるかもしれないと期待《きたい》した。でも、バスはそのまま走《はし》り出《だ》してしまった。

時刻表《じこくひょう》で確《たし》かめると、次《つぎ》のバスまでは十五分《じゅうごふん》も待《ま》たなくてはならないらしい。

(中略)

今日《きょう》はまったくついてない。でも、ついてないのは今日《きょう》だけじゃない。

昨日《きのう》の夜《よる》、とりあえず年号《ねんごう》だけでも確実《かくじつ》にしておこうと世界史《せかいし》の教科書《きょうかしょ》を広《ひろ》げていると、隣《となり》の寝室《しんしつ》からお父《とう》さんとお母《かあ》さんの言《い》い争《あらそ》う声《こえ》が聞《き》こえてきた。その三日前《みっかまえ》から夜《よる》になると始《はじ》まっていたのだ。別《べつ》にどなり合《あ》っているわけではなかったが、昔《むかし》のようにナツミに気《き》を使《つか》って声《こえ》を低《ひく》めようとする配慮《はいりょ》はなかった。無視《むし》しようと思《おも》っても、つい気《き》になって耳《みみ》をそばだててしまう。これまでと違《ちが》って深刻度《しんこくど》が高《たか》そうだった。

勘弁《かんべん》してほしいよなとナツミは思《おも》った。期末試験《きまつしけん》の期間中《きかんちゅう》くらい普通《ふつう》の親《おや》でいてくれないものだろうか。

(中略)

バスはなかなかやって来《こ》なかった。

空《そら》が曇《くも》っていて直射日光《ちょくしゃにっこう》がないからいいけれど、もし晴《は》れていたら暑《あつ》くてたまらなかっただろうな、とナツミは思《おも》った

時間《じかん》がたつにつれて、停留所《ていりゅうじょ》の先頭《せんとう》に立《た》って待《ま》っているナツミのうしろに並《なら》ぶ人《ひと》が少《すこ》しずつ増《ふ》えてきた。しかし、それでもバスはやって来《こ》ない。

バスになんかするんじゃなかった、とナツミは思《おも》った。いつもは電車《でんしゃ》で通学《つうがく》しているのに、試験《しけん》が終《お》わると妙《みょう》にぐったりして、なんとなくバスで帰《かえ》ろうかなという気《き》になってしまったのだ。時間《じかん》はかかるけれど停留所《ていりゅうじょ》から家《いえ》まであまり歩《ある》かなくてすむ。

前《まえ》のバスをミスったのが敗因《はいいん》だった。もう少《すこ》し早《はや》く走《はし》れば間《ま》に合《あ》ったかもしれないのに一歩《いっぽ》遅《おく》れてしまった。いや、そもそもあの横断歩道《おうだんほどう》の赤信号《あかしんごう》が長《なが》すぎたのだ。ほんと頭《あたま》にくる。そう思《おも》いながら、振《ふ》り返《かえ》って横断歩道《おうだんほどう》の方《ほう》を見《み》ると、セーラー服姿《ふくすがた》の女子高生《じょしこうせい》がうつむきながらこちらに歩《ある》いてくるのが見《み》えた。

沢木耕太郎《さわきこうたろう》『銃《じゅう》を撃《う》つ』より

問 傍線部《ぼうせんぶ》に「ほんと頭《あたま》にくる」とありますが、それはどうしてですか。次《つぎ》の中《なか》から最《もっと》も適当《てきとう》なものを選《えら》び、記号《きごう》で答《こた》えなさい。

ア 乗《の》ろうとしたバスに乗《の》れず、次《つぎ》のバスもなかなかやって来《こ》なかったから。
イ 急《いそ》いでいるのに赤信号《あかしんごう》に足止《あしど》めされ、さらにバスに乗《の》り遅《おく》れてしまったから。
ウ 昨夜《さくや》、両親《りょうしん》の言《い》い争《あらそ》いを聞《き》いてしまった上《うえ》に、今日《きょう》も思《おも》い通《どお》りにならないことが続《つづ》いたから。
エ 期末試験《きまつしけん》の期間中《きかんちゅう》なのに、両親《りょうしん》が言《い》い争《あらそ》っていて、勉強《べんきょう》できなかったから。

※『銃《じゅう》を撃《う》つ』(「あなたがいる場所《ばしょ》」新潮文庫所収《しんちょうぶんこしょしゅう》)

この問題《もんだい》を「きっかけ探《さが》し」で解《と》いてごらん。1つの場面《ばめん》だから「場面分《ばめんわ》け」はしなくていいからね
でも、こんなに文章《ぶんしょう》が長《なが》いとどうしていいかわかんないよ
フフフ そんな時《とき》のためにスケモンがいるんだ
わっ 最後《さいご》のスケモンだね！
わくわく
きっかけを見《み》つけ出《だ》すのはキッカーケというんだ
どやっ
へ〜〜〜
そのままだな
じゃあ呼《よ》んでみようか
ポチッ
出《い》でよキッカーケ！

ポン!!
きっかけなんだっけ?
これがキッカーケ…
かわいいことはかわいいけど…
う~んとう~んと…

きっかけ なんだっけ?
ぽや〜
ボク なにをしてる んだっけ?
くるっ
どうしたん ですか?
はは…
キッカーケは おがくず人形《にんぎょう》だから 物覚《ものおぼ》えが悪《わる》くてね。 自分《じぶん》が何《なに》をして いるのかすぐに 忘《わす》れてしまうんだ
大丈夫かなぁ
サッ
はっ
みんなに「きっかけ」の 探《さが》し方《かた》を 教《おし》えるんだろ

そうか
そうだったね…
お
思《おも》い出《だ》した
らしいぞ
……
で
ボク、何《なに》を
するの？
？
ズズッ
あの
「きっかけ」の
探《さが》し方《かた》を教《おし》える
んですけど
そうか…
そうだったね…
スッ
よいしょ…
それは
簡単《かんたん》
なんだよ…

ペラッ
ほら…この「きっかけの公式《こうしき》」を使《つか》えばいいんだよ
●きっかけの公式《こうしき》
①「状況《じょうきょう》」から「気持《きも》ち」が生《う》まれるから、「気持《きも》ち」のきっかけは「状況《じょうきょう》」
②「気持《きも》ち」から「行動《こうどう》」になるから、「行動《こうどう》」のきっかけは「気持《きも》ち」
「状況《じょうきょう》→気持《きも》ち→行動《こうどう》」の順《じゅん》で覚《おぼ》えておこう！
何《なに》、これ？
カサカサ
「きっかけ」を探《さが》す方法《ほうほう》だよ…
えっとね
こんな風《ふう》にするんだよ

●「きっかけ」の探《さが》し方《かた》

〈「気持《きも》ち」の理由《りゆう》を聞《き》いてくる問題《もんだい》の場合《ばあい》〉

→きっかけの公式《こうしき》①を使《つか》って

「気持《きも》ち」のきっかけは「状況《じょうきょう》」なので「状況《じょうきょう》」を考《かんが》える。

私《わたし》はオセロゲームで負《ま》けて、悔《くや》しかった。

（問）なぜ悔《くや》しい気持《きも》ちになったのですか？（「気持《きも》ち」の理由《りゆう》を聞《き》いている）

（答）オセロゲームで負《ま》けたから（「状況《じょうきょう》」を考《かんが》えて答《こた》える）

〈「行動《こうどう》」の理由《りゆう》を聞《き》いてくる問題《もんだい》の場合《ばあい》〉

→きっかけの公式《こうしき》②を使《つか》って

「行動《こうどう》」のきっかけは「気持《きも》ち」なので「気持《きも》ち」を考《かんが》える（状況《じょうきょう》を含《ふく》む場合《ばあい》もあります）。

ぼくはサッカー部《ぶ》でレギュラーになりたいので、毎日《まいにち》ドリブルの練習《れんしゅう》をした。

（問）なぜ毎日《まいにち》ドリブルの練習《れんしゅう》をしたのですか？（「行動《こうどう》」の理由《りゆう》を聞《き》いている）

（答）サッカー部《ぶ》でレギュラーになりたいから（「気持《きも》ち」を考《かんが》えて答《こた》える）

くるっ
なるほど
これなら問題《もんだい》が
解《と》けそうですね。
ぽや～
ふ～ん
そうなの？
ボク、よく
わかんないや。
ズコーッ
とにかく、キッカーケの
言《い》う通《とお》りにして問題《もんだい》を
問《と》いてみようか
傍線部《ぼうせんぶ》が
「気持《きも》ち」だったら「状況《じょうきょう》」を
考《かんが》えればいいんですね
傍線部《ぼうせんぶ》が
「行動《こうどう》」だったら
「気持《きも》ち」を
よし
頑張《がんば》るぞ
ど
ボク
見《み》てるよ
ニコッ
なでなで

問題《もんだい》はナツミさんが頭《あたま》にきた理由《りゆう》を聞《き》いてるんだね
きっかけの公式《こうしき》①『「気持《きも》ち」のきっかけは「状況《じょうきょう》」』だから
ナツミさんの「状況《じょうきょう》」を考《かんが》えてみようよ
「状況《じょうきょう》」はいっぱい書《か》いてあるよ
ペラッ
まとめてみようか
ずら〜〜!!
●横断歩道《おうだんほどう》の信号《しんごう》が赤《あか》になっていて渡《わた》ることができなかった。
●停留所《ていりゅうじょ》に着《つ》く寸前《すんぜん》にバスは乗車口《じょうしゃぐち》のドアを閉《し》めてしまった。
●運転手《うんてんしゅ》がちらっとナツミの方《ほう》を見《み》たので、開《あ》けてくれるかもしれないと期待《きたい》したが、バスはそのまま走《はし》り出《だ》してしまった。
●昨日《きのう》の夜《よる》、隣《となり》の寝室《しんしつ》からお父《とう》さんとお母《かあ》さんの言《い》い争《あらそ》う声《こえ》が聞《き》こえてきた。
●次《つぎ》のバスがなかなかやって来《こ》ない。
うわ〜、昨日《きのう》から今日《きょう》にかけていろんなことがあったんだ。これならぼくだって頭《あたま》にくるよ
「状況《じょうきょう》」をまとめるとナツミさんの気持《きも》ちがよくわかるね

だったら答《こた》えは(ウ)だよ
昨日《きのう》と今日《きょう》のことが両方《りょうほう》書《か》いてあるのは(ウ)しかないもん
そうだね
(ア)(イ)は今日《きょう》のこと(エ)は昨日《きのう》のことしか書《か》いてないよね
くるっ
どうですか?
はっ
ペラ…
えっと
えっと…
うん あってるよ
やった!
要《よう》は、公式《こうしき》にあてはめればいいのね
か〜んたん!
ぐっ

うんしょ
じゃあ、次《つぎ》だよ

次《つぎ》の文章《ぶんしょう》を読《よ》んで後《あと》の問《と》いに答《こた》えなさい

ぼくは唇《くちびる》をかたく結《むす》んで、前《まえ》を向《む》いていた。海辺《うみべ》の町《まち》の中学校《ちゅうがっこう》でも、親《した》しい友《とも》だちはいなかった。それでも、顔見知《かおみし》りくらいはいた。ここでは一人《ひとり》も知《し》り合《あ》いがいない。ぼくは心《こころ》の中《なか》で身構《みがま》えていた。東京《とうきょう》という街《まち》への恐《おそ》れもあった。都心《としん》の学校《がっこう》はレベルが高《たか》く、授業《じゅぎょう》についていけるかどうかも気《き》にかかった。

名前《なまえ》と、これまでの中学校《ちゅうがっこう》のことは、担任《たんにん》が紹介《しょうかい》してくれた。あとは一礼《いちれい》をして自分《じぶん》の席《せき》に着《つ》くだけでよかったが、ぼくは教壇《きょうだん》の上《うえ》に立《た》ち尽《つ》くしていた。気持《きも》ちがひるみそうになっている。このまま黙《だま》って教壇《きょうだん》を下《お》りたのでは、負《ま》けを認《みと》めることになる。そう思《おも》った。

三田誠広《みたまさひろ》『永遠《えいえん》の放課後《ほうかご》』より

問　傍線部《ぼうせんぶ》に「ぼくは教壇《きょうだん》の上《うえ》に立《た》ち尽《つ》くしていた」とありますが、立《た》ち尽《つ》くしていた理由《りゆう》として次《つぎ》の中《なか》から最《もっと》も適当《てきとう》なものを選《えら》び、記号《きごう》で答《こた》えなさい。

ア　東京《とうきょう》の学校《がっこう》はレベルが高《たか》く、授業《じゅぎょう》についていけるか気《き》になって、心《こころ》の中《なか》で身構《みがま》えていたから。

イ　東京《とうきょう》の学校《がっこう》に転校《てんこう》して緊張《きんちょう》している上《うえ》に、恐《おそ》れもあったので、どうしていいのかわからなかったから。

ウ　このまま教壇《きょうだん》を下《お》りると、自分《じぶん》のことを知《し》ってもらえず、友達《ともだち》ができないと思《おも》ったから。

エ　何《なに》も言《い》わないで教壇《きょうだん》を下《お》りると、おじけづいている自分《じぶん》の弱《よわ》さが伝《つた》わってしまうから。

傍線部《ぼうせんぶ》は「教壇《きょうだん》の上《うえ》に立《た》ち尽《つ》くしていた」という「行動《こうどう》」だから、きっかけの公式《こうしき》②の『「行動《こうどう》」のきっかけは「気持《きも》ち」』が使《つか》えるわね。気持《きも》ちを考《かんが》えてみようよ
「ぼく」の気持《きも》ちはどこに書《か》いてあるかというと…

※『永遠《えいえん》の放課後《ほうかご》』（集英社文庫《しゅうえいしゃぶんこ》）

あ
『心《こころ》の中《なか》で〜』ってあるここだな！
ぼくは心《こころ》の中《なか》で身構《みがま》えていた。東《とう》京《きょう》という街《まち》への恐《おそ》れもあった。都《と》心《しん》の学校《がっこう》はレベルが高《たか》く、授業《じゅぎょう》についていけるかどうかも気《き》にかかった。
でも恐《おそ》れや不安《ふあん》があるから教壇《きょうだん》に立《た》ち尽《つ》くすというのは変《へん》じゃない？
そうか…それならすぐに教壇《きょうだん》から降《お》りるよね
カサッ
他《ほか》に「気持《きも》ち」が書《か》いてある箇所《かしょ》があるかなぁ…
あ、最後《さいご》に『気持《きも》ちが〜そう思《おも》った』ってあるよ！
気持《きも》ちがひるみそうになっている。このまま黙《だま》って教壇《きょうだん》を下《お》りたのでは、負《ま》けを認《みと》めることになる。そう思《おも》った。
そうだね
この気持《きも》ちが「きっかけ」になって教壇《きょうだん》に立《た》ち尽《つ》くしてるのね

「ひるみそう」ってどういうこと?
「ひるみそう」は恐《おそ》れて気持《きも》ちがくじけそうになることだから、知《し》り合《あ》いが1人《ひとり》もいない東京《とうきょう》にきて不安《ふあん》になってるんじゃない?前半《ぜんはん》には『東京《とうきょう》という街《まち》への恐《おそ》れもあった』ってあるし
びくびくしてるんだね
でも、その気持《きも》ちをみんなに見《み》せたくないのよ。それが『このまま黙《だま》って教壇《きょうだん》を下《お》りたのでは(みんなに)負《ま》けを認《みと》めることになる』という表現《ひょうげん》だと思《おも》うだから教壇《きょうだん》の上《うえ》に立《た》ち尽《つ》くしてたのよ
そうか
じゃあ、答《こた》えは㋓の『何《なに》も言《い》わないで教壇《きょうだん》を下《お》りると、おじけづいている自分《じぶん》の弱《よわ》さが伝《つた》わってしまうから。』だ

えっと…
カサッ
答
これもあってるみたいだよ
イエ～イ！
パン!!

じゃあ、これで最後《さいご》だよ

次《つぎ》の文章《ぶんしょう》を読《よ》んで後《あと》の問《と》いに答《こた》えなさい
小学生《しょうがくせい》の佳奈《かな》とその弟《おとうと》の進《すすむ》は広一《こういち》くんと仲《なか》が良《よ》かったが、広一《こういち》くんは引《ひ》っ越《こ》してしまった。

手紙《てがみ》が来《き》たのは、一昨年《おととし》の冬《ふゆ》だった。郵便《ゆうびん》受《う》けで見《み》つけたのは弟《おとうと》の進《すすむ》で、まるで暴風《ぼうふう》のように玄関《げんかん》に飛《と》びこんできた。

「佳奈《かな》ァ！　佳奈《かな》ァ！　おい、広一《こういち》くんから手紙《てがみ》が来《き》たよっ」

私《わたし》は、それがどうしたって顔《かお》をした。

「ぼく宛《あて》と佳奈《かな》宛《あて》と、ほら」

封筒《ふうとう》を受《う》け取《と》ると、余計《よけい》なお世話《せわ》という顔《かお》を作《つく》ったが、進《すすむ》はこちらなど見《み》ていなかった。私《わたし》は自分《じぶん》の手紙《てがみ》を開《あ》けずに、弟《おとうと》を観察《かんさつ》した。白《しろ》い便箋一枚《びんせんいちまい》。進《すすむ》は、露骨《ろこつ》にがっかりした表情《ひょうじょう》になって、

「なんだあ。何《なん》にも書《か》いてないや。引《ひ》っ越《こ》したってことだけ」

と独《ひと》り言《ごと》のようにつぶやいた。

佐藤多佳子《さとうたかこ》『サマータイム』より

問　傍線部《ぼうせんぶ》に「進《すすむ》はこちらなど見《み》ていなかった」とありますが、なぜ進《すすむ》はこのような行動《こうどう》をとったと思《おも》いますか。その理由《りゆう》を答《こた》えなさい。

これも1つの場面《ばめん》だからこのまま考《かんが》えればいいね
そうだね

※『サマータイム』（新潮文庫《しんちょうぶんこ》）

進《すすむ》くんがお姉《ねえ》さんを見《み》て
いない理由《りゆう》を聞《き》いてるから
公式《こうしき》②の『「行動《こうどう》」のきっかけは
「気持《きも》ち」』が使《つか》えるね
進《すすむ》くんの気持《きも》ちを
考《かんが》えればいいのよ
進《すすむ》くんの
気《き》持《も》ちはどこに
書《か》いてあるかと
いうと…
あ、「ような言葉《ことば》」があるぞ
(2行目《ぎょうめ》)まるで暴風《ぼうふう》のように玄関《げんかん》に
飛《と》びこんできた。
「ような言葉《ことば》」の後《あと》に「飛《と》びこんできた」
っていう動作《どうさ》が続《つづ》いているから
これは気持《きも》ちを説明《せつめい》した「ような言葉《ことば》」
だね(※)
ダッ
フムフム
手紙《てがみ》を受《う》け取《と》って『暴風《ぼうふう》の
ように玄関《げんかん》に飛《と》びこんできた』
んだから、仲《なか》の良《よ》かった
広一《こういち》くんからの手紙《てがみ》がうれしくて
早《はや》く読《よ》みたいのね

(※)「玄関《げんかん》に飛《と》びこんできた」という行動《こうどう》を説明《せつめい》しているので、クッツキ言葉《ことば》ともいえます。

「ような言葉《ことば》」と「クッツキ言葉《ことば》」は重複《ちょうふく》する部分《ぶぶん》があります

あと、こんなのもあるわ
(8行目《ぎょうめ》)進《すすむ》は、露骨《ろこつ》にがっかりした表情《ひょうじょう》になって、
しゅん…
やっぱり進《すすむ》くんは広一《こういち》くんからの手紙《てがみ》を楽《たの》しみにしてたんだ。楽《たの》しみにしていたのに期待通《きたいどお》りの内容《ないよう》じゃなかったからがっかりしたんだよ
はぁ…
だから答《こた》えは…これだ
楽《たの》しみにしていた手紙《てがみ》を、少《すこ》しでも早《はや》く読《よ》みたかったから。
私《わたし》もそう思《おも》う
合《あ》ってるよね?
う～んとう～んと…

きっかけ
なんだっけ？
ぽや〜
ボク
何《なに》をして
たんだっけ…
また
忘《わす》れちゃった
のね
しょうがない
奴だな…
大丈夫《だいじょうぶ》
答《こた》えは合《あ》ってるから
よいしょ
うん
合《あ》ってると
思《おも》うよ
よくわかんないけど
は…

これで「きっかけ探《さが》し」のコツを覚《おぼ》えたかな？
は～い！
それじゃ、2人《ふたり》にキッカーケをあげよう
大丈夫《だいじょうぶ》かなぁこんなスケモンで
心配《しんぱい》ないよすぐに思《おも》い出《だ》すから
それじゃキッカーケ同化《どうか》！
キラキラ
えっと…同化《どうか》って
なんだっけ？
ポンッ
ポンッ
わ
キッカーケが入《はい》ってきたぞ

ぐわん
ぐわん
あれ…
なんか頭《あたま》がボーとしてきました
?
きっかけなんだっけ?
?
ぽや〜〜っ
あちゃ〜やっぱりこうなったか
というわけでおさらい!
「気持《きも》ち」や「行動《こうどう》」の理由《りゆう》を聞《き》いてくる問題《もんだい》は、「きっかけ、なんだっけ?」と考《かんが》えよう。「行動《こうどう》」は「気持《きも》ち」が、「気持《きも》ち」は「状況《じょうきょう》」がきっかけになるので、きっかけがわかれば答《こた》えに結《むす》びつく。

第《だい》4章《しょう》

ゲットしたスケモンを使《つか》って中《ちゅう》学《がく》入《にゅう》試《し》問《もん》題《だい》を解《と》いてみよう！

やった。7匹《ひき》のスケモンをゲットしたぞ!
これで本当《ほんとう》に物語文《ものがたりぶん》の読解《どっかい》マスターになれたんですね。受験《じゅけん》にも自信《じしん》がつきました
ぼくもみんなに自慢《じまん》してやるんだ
勉強《べんきょう》してよかったね
じゃあ、いよいよ実際《じっさい》の入試問題《にゅうしもんだい》に挑戦《ちょうせん》しようか
はい!
ぼくも頑張《がんば》るよ!
でも、今回《こんかい》の問題《もんだい》は手《て》ごわいよ
君《きみ》たちの想像《そうぞう》をはるかに超《こ》えているだろうね
どういうことですか?

実《じつ》は、ここに集《あつ》められていた入試問題《にゅうしもんだい》が融合《ゆうごう》して巨大《きょだい》なモンスターになってしまったんだ! 今《いま》やこのモンスターはバーチャル世界《せかい》を支配《しはい》しようとしている。君《きみ》たちが本当《ほんとう》の物語文《ものがたりぶん》の読解《どっかい》マスターになるにはこのモンスターを倒《たお》さなければならないんだ!

ば〜ん!!

え〜!?

何《なに》それ〜!!

ズン!!

ぐらっ…

ほら 物語文《ものがたりぶん》の巨大《きょだい》モンスター登場《とうじょう》だよ
ゴクリ…

大丈夫《だいじょうぶ》!

キラッ

ザザッ
君《きみ》たちにはスケモンがついている！
そして、君《きみ》たちは読解《どっかい》パワーを身《み》につけたんだ！
スチャッ
読解P
ごらん!!
ポチッ
読解P
キィ

おお〜〜!
なんかすごい!
お姉《ねえ》ちゃん!
うん!

ザッ
さぁ 読者《どくしゃ》のみんなも
一緒《いっしょ》に戦《たたか》って 巨大《きょだい》モンスターを 倒《たお》そう!

練習問題

問題《もんだい》1

次《つぎ》の文章《ぶんしょう》を読《よ》んで後《あと》の問《と》いに答《こた》えなさい。

小学《しょうがく》6年生《ねんせい》の太《ふとし》と恵子《けいこ》は幼《おさな》なじみ。神社横《じんじゃよこ》の自動販売機《じどうはんばいき》で、恵子《けいこ》は缶《かん》ジュースをふたつ買《か》い、太《ふとし》と二人《ふたり》で神社《じんじゃ》のかやぶき屋根《やね》の休憩所《きゅうけいじょ》に入《はい》った。


「太《ふとし》くん、どうして遠泳《えんえい》なんかに出《で》ようと思《おも》ったの？」

と恵子《けいこ》は缶《かん》ジュースを両手《りょうて》に持《も》ったままいった。

「わかんねえよ。なんだかわかんねえけど、このごろおもしろくなくてさ。」

太《ふとし》は缶《かん》ジュースをぐびっと飲《の》んだ。

「うん。おもしろくないよね。」

恵子《けいこ》はこくんとうなずいた。

話《はなし》はそこでまたとぎれた。

セミの声《こえ》がものすごかった。玉砂利《たまじゃり》のまぶしい境内《けいだい》には、ひとっこひとりいなかった。

「それだけ？」

「うん。」

「ほかになにか理由《りゆう》はないの。自分《じぶん》をためしてみたいとか。自分《じぶん》に勝《か》つんだとか。」

「ないよ。そんなめんどくせえの。」

死んだ父親《ちちおや》のことや、裁判《さいばん》のことや、母親《ははおや》のことや、遠泳《えんえい》に出《で》ないものがなんとなくばかにされることがくやしかったことや、いろんなことがうかんだけど、それが理由《りゆう》だとするには、うまく整理《せいり》がついていなかった。だからそんな答《こた》え方《かた》をした。

「ないのか。なにかすごいわけがあるのかと思《おも》った。」

「ない。がっかりしたか。」

「ううん。その反対《はんたい》。いいね。そういうの。はじめ太《ふと》くんの遠泳《えんえい》の話《はなし》をきいたとき、ばっかだなって思《おも》ったの。だってわたしより泳《およ》げないんだもん。ごめんね。でも、そういうのって、いいなって思《おも》う。ばっかみたいなのって、いい。」

「ばかばかっていうなよ。」

「ごめん。でも、ほめてるのよ。ううん、うらやましがってるのかな。」

「うらやましいの？」

「たぶんね。わたしにもよくわからない。でも、太《ふと》くんと同《おな》じで、おもしろくないっていうのはあるよ。このごろよく考《かんが》えるの。十二歳《じゅうにさい》って、ふしぎだなって。」

「なにがさ。」

「全部《ぜんぶ》がわかっちゃってしまうっていうか、世《よ》の中《なか》のことも人間《にんげん》のことも。わたしは女《おんな》の子《こ》で、どんな女《おんな》の子《こ》で暮《く》らしていこうか、決《き》めなければいけなくなるっていうか。こっから先《さき》はまるで演技《えんぎ》なのよね。恵子《けいこ》って女《おんな》の子《こ》は、こんな子《こ》ですっていう。ぶりっこでいこうか、まじめちゃんでいこうか、とんでる女《おんな》の子《こ》でいこうかって。」

「女《おんな》の子《こ》って、そんなことを考《かんが》えるのか。」

「わたしだけかもしれないけどね。」

「でも、なんとなくわかるよな。自分《じぶん》でもわからないんだけど、いらいらするんだ。」

　太《ふとし》は話《はな》しながら、こんなふうなことを、これまで恵子《けいこ》と話《はな》したことがないなと思《おも》った。アパートではきょうだいのように育《そだ》ってきたのに、こんなふうな話《はなし》は一度《いちど》もなかった。では、どんなことをしゃべりあってきたかというと、ふしぎにもまったく思《おも》いだせない。だが今日《きょう》の話《はなし》は、これから何年《なんねん》か先《さき》にも、きっと覚《おぼ》えていられる気《き》がした。

横山充男《よこやまみつお》『少年《しょうねん》の海《うみ》』より

※『少年《しょうねん》の海《うみ》』（文研出版《ぶんけんしゅっぱん》）

●問：傍線部《ぼうせんぶ》に「こんなふうなことを、これまで恵子《けいこ》と話《はな》したことがないな」とありますが、「こんなふうなこと」の説明《せつめい》として最《もっと》も適当《てきとう》なものを次《つぎ》の中《なか》から選《えら》び、記号《きごう》で答《こた》えなさい。

ア　太《ふとし》があえて遠泳《えんえい》に参加《さんか》しようと思《おも》った理由《りゆう》を話《はな》すこと。

イ　普段《ふだん》は表《おもて》に出《だ》さない互《たが》いの心《こころ》の中《なか》にある思《おも》いを話《はな》し合《あ》うこと。

ウ　恵子《けいこ》のこれからどのように生《い》きるかという悩《なや》みを話《はな》すこと。

エ　二人《ふたり》が日《ひ》ごろ感《かん》じている学校《がっこう》や社会《しゃかい》への不満《ふまん》を話《はな》し合《あ》うこと。

問題《もんだい》2

次《つぎ》の文章《ぶんしょう》を読《よ》んで後《あと》の問《と》いに答《こた》えなさい。

夕食《ゆうしょく》の後片付《あとかたづ》けを終《お》えたあとで、ランドセルから出《だ》したピンクの紙《かみ》をお母《かあ》さんに見《み》せた。お母《かあ》さんはエプロンを外《はず》しながら「はあはあ、まあまあ」と気《き》の抜《ぬ》けた返事《へんじ》をよこしたあと、紙《かみ》を受《う》け取《と》って大《おお》きくため息《いき》をついた。

「セン、寝《ね》る前《まえ》にちゃんと歯《は》、みがいてんの？」

私《わたし》は「うん、ちゃんとみがいてる」となるべくきちんと聞《き》こえるように返事《へんじ》をした。テレビを見《み》たりマンガを読《よ》んだりの「ながら」歯《は》みがきだとはバレないように。けれどもお母《かあ》さんは「鏡《かがみ》見《み》てみがいてないでしょ」とあっさり指摘《してき》した。

怒《おこ》られるかな、と思《おも》ったのだけれど、お母《かあ》さんはしばらく何《なに》か考《かんが》えるように腕組《うでぐ》みをしていた。そしてふと私《わたし》と目《め》を合《あ》わせると、いかにもな作《つく》り笑《わら》いをして話《はな》しかけてきた。

「セン、四年生《よねんせい》だし、もうひとりで歯医者《はいしゃ》……」

「やだっ」

最後《さいご》まで聞《き》かずにさえぎった。私《わたし》の頭《あたま》の中《なか》にはもう、茶色《ちゃいろ》いガラスでできた

※上記《じょうき》の「ピンクの紙《かみ》」は学《がっ》校《こう》で渡《わた》された虫歯《むしば》になっていることの知《し》らせ

「崎山歯科《さきやましか》」の扉《とびら》が再現《さいげん》されている。ただでさえ怖《こわ》い歯医者《はいしゃ》の入《い》り口《ぐち》を、不透《ふとう》明《めい》なガラスでつくるなんて絶対《ぜったい》におかしい。前歯《まえば》と鼻《はな》の中間辺《ちゅうかんあた》りにつんとくる歯医者特有《はいしゃとくゆう》のにおいが、重《おも》い扉《とびら》からも不思議《ふしぎ》と漏《も》れて、気持《きも》ちをよけいに毛羽《けば》立《だ》たせる。いつもは先《さき》に立《た》ったばあちゃんがドアを開《あ》けるので、仕方《しかた》なく入《はい》るけれど、もし付《つ》き添《そ》いが居《い》なかったら、私《わたし》はあのドアを開《あ》けられない。暗《くら》くなるまで立《た》ち尽《つ》くしている気《き》がする。

それに、待合室《まちあいしつ》だって嫌《きら》いだ。大人《おとな》向《む》けの週刊誌《しゅうかんし》と、小《ちい》さい子《こ》向《む》けの童話《どうわ》の絵本《えほん》しかない本棚《ほんだな》、染《し》みのついたソファ。なんだか冷《つめ》たい感《かん》じのする、背《せ》の高《たか》い受付《うけつけ》カウンターも気《き》に入《い》らない。もっと嫌《いや》なのは、同《おな》じ学校《がっこう》の仲良《なかよ》くない子《こ》と鉢合《はちあ》わせすることだった。何《なに》か喋《しゃべ》ったほうがいいのかな、でもなんにも話《はな》すことないな、というあの間《ま》が嫌《いや》だ。私《わたし》は同《おな》じ学校《がっこう》の子《こ》と目《め》を合《あ》わせないように、いつもばあちゃんの陰《かげ》に隠《かく》れていた。診療室《しんりょうしつ》からは絶《た》えずキンキンと工具《こうぐ》のうなりが聞《き》こえていて、よけいに私《わたし》の背筋《せすじ》をこわばらせた。

「ばあちゃんに連《つ》れてってもらう！」

私《わたし》が主張《しゅちょう》すると、お母《かあ》さんは再《ふたた》びため息《いき》をついた。

「でもばあちゃん、最近足痛《さいきんあしいた》いって言《い》ってるでしょう。歯医者《はいしゃ》は遠《とお》いからねえ」

ぎくりとする。確《たし》かにそうだ。去年《きょねん》の歯医者《はいしゃ》の行《い》き帰《かえ》りだって、ばあちゃんは「ちょっと休《やす》もは」と言《い》ってしょっちゅう腰《こし》を下《お》ろしていた。八百屋《やおや》の奥《おく》だったり、甘味屋《かんみや》の前《まえ》のベンチだったり、商店街《しょうてんがい》のいろんな場所《ばしょ》を借《か》りながら歩《ある》いて通《かよ》ったのだった。

①私《わたし》が肩《かた》を落《お》とすと、お母《かあ》さんが私《わたし》の顔《かお》をのぞき込《こ》んで言《い》った。

「隣町《となりまち》の歯医者《はいしゃ》に行《い》こうか？」

それは思《おも》ってもみない提案《ていあん》だった。「え？」と頭《あたま》を上《あ》げると、お母《かあ》さんが続《つづ》けた。

「ほら、ニュータウンのほうに、新《あたら》しい歯医者《はいしゃ》ができたでしょう。あそこ、休日診療《じっしんりょう》してるって話《はなし》だから、日曜日《にちようび》に車《くるま》で連《つ》れてってあげる」

一年《いちねん》くらい前《まえ》、隣町《となりまち》の外《はず》れにカラフルな壁《かべ》の家《いえ》がたくさん建《た》った。その中《なか》に、「おおぎデンタルクリニック」という看板《かんばん》があった。国道《こくどう》から見《み》えるその歯医者《はいしゃ》は、他《ほか》の住宅《じゅうたく》と同《おな》じようにパステルカラーをしていて、形《かたち》もかわいい三角屋根《さんかくやね》だった。隣《となり》には、小《ちい》さな遊具《ゆうぐ》のある公園《こうえん》までついている。

②けれど、パステルカラーの建物《たてもの》なんて自分《じぶん》には全《まった》く関係《かんけい》ないものだと思《おも》っていた。私《わたし》にとっては、家《いえ》も学校《がっこう》も歯医者《はいしゃ》も、この町《まち》にある古《ふる》びた建物《たてもの》でなければならないような、それがさだめであるような気《き》がしていたからだ。

「ほんとに？」

歯医者《はいしゃ》の話《はなし》なのに、私《わたし》は思《おも》わず食《く》いついていた。お母《かあ》さんは、とにかく私《わたし》が歯医者《はいしゃ》に行《い》ってくれることに安心《あんしん》したのか、にこにこしながら「ほんとよお」と言《い》った。

「じゃあ、もう、明後日《あさって》にしようねえ」

「えっ」

それはさっそく過《す》ぎる、と思《おも》ったのだけれど、お母《かあ》さんはしっかりとピンクの紙《かみ》の端《はし》をにぎって、台所《だいどころ》の隅《すみ》にエプロンを引《ひ》っかけると階段《かいだん》をのぼっていってしまった。反抗《はんこう》の余地《よち》なし。

ひとり残《のこ》された私《わたし》は、口《くち》を閉《と》じてから、舌《した》で左《ひだり》の奥歯《おくば》をモソモソとさぐった。「Ｃ４」と言《い》われた左下《ひだりした》なかほどの歯《は》は、マンホールさながらの大《おお》げさな穴《あな》を空《あ》けている。

③——パステルカラーの歯医者《はいしゃ》さんなら、魔法《まほう》みたいに簡単《かんたん》にこの虫歯《むしば》を治《なお》してくれるかも。

豊島《とよしま》ミホ『夜《よる》の朝顔《あさがお》』より

●問一：傍線部《ぼうせんぶ》①に「私《わたし》が肩《かた》を落《お》とす」とありますが、その理由《りゆう》として最《もっと》も適当《てきとう》なものを次《つぎ》の中《なか》から選《えら》び、記号《きごう》で答《こた》えなさい。

ア　これ以上《いじょう》「歯医者《はいしゃ》に行《い》かない」と抵抗《ていこう》する気力《きりょく》がなくなったから。

イ　ばあちゃんに連《つ》れていってもらえないのが残念《ざんねん》だったから。

ウ　歯医者《はいしゃ》さんのこわくて不愉快《ふゆかい》なイメージが思《おも》い出《だ》されたから。

エ　何《なに》を言《い》ってもひとりで歯医者《はいしゃ》に行《い》かねばならないから。

※『夜《よる》の朝顔《あさがお》』（集英社文庫《しゅうえいしゃぶんこ》）

●問二：傍線部《ぼうせんぶ》②から想像《そうぞう》できるセンの本音《ほんね》として最《もっと》も適当《てきとう》なものを次《つぎ》の中《なか》から選《えら》び、記号《きごう》で答《こた》えなさい。

ア　自分《じぶん》は古《ふる》びた歯医者《はいしゃ》に行《い》くしかないのだというあきらめ。

イ　これまで自分《じぶん》の身《み》の回《まわ》りにはなかった新《あたら》しいものに対《たい》する興味《きょうみ》。

ウ　パステルカラーの歯医者《はいしゃ》があることに対《たい》する新鮮《しんせん》なおどろき。

エ　どうしても歯医者《はいしゃ》に行《い》かせようとするお母《かあ》さんに対《たい》する不信感《ふしんかん》。

●問三：傍線部《ぼうせんぶ》③におけるセンの気持《きも》ちの説明《せつめい》として、最《もっと》も適当《てきとう》なものを次《つぎ》の中《なか》から選《えら》び、記号《きごう》で答《こた》えなさい。

ア　歯医者《はいしゃ》は苦手《にがて》なのに、パステルカラーの歯医者《はいしゃ》なら行《い》ってもいいかなと前向《まえむ》きになっている。

イ　パステルカラーの歯医者《はいしゃ》に行《い》くという母親《ははおや》の提案《ていあん》が、自分《じぶん》に魔法《まほう》をかけたのだと思《おも》っている。

ウ　母親《ははおや》が車《くるま》で連《つ》れて行《い》ってくれるので、歯医者《はいしゃ》に行《い》くのが楽《たの》しみになっている。

エ　パステルカラーの歯医者《はいしゃ》に行《い》けるのなら、虫歯《むしば》になってもいいと思《おも》っている。

問題《もんだい》3

次《つぎ》の文章《ぶんしょう》を読《よ》んで後《あと》の問《と》いに答《こた》えなさい。

ラッキー。三丁目《さんちょうめ》の少年《しょうねん》は、エレベータを降《お》りると、こっそり微笑《ほほえ》みを浮《う》かべた。

ビルのエントランス(※)ホールにエツコがいる。まいっちゃったなあ、という様子《ようす》で外《そと》を見《み》ている。外《そと》は雨《あめ》だ。雷《かみなり》交《ま》じりのどしゃ降《ぶ》り――ビルの前《まえ》を行《い》き交《か》う車《くるま》は、まるで川《かわ》の中《なか》を突《つ》っ切《き》っているみたいに路面《ろめん》の水《みず》を撥《は》ね上《あ》げている。

少年《しょうねん》とエツコは同級生《どうきゅうせい》だった。二人《ふたり》とも虫歯《むしば》の治療《ちりょう》でビルの中《なか》にある歯科《しか》クリニックに通《かよ》っている。いつもはクリニックで出《で》くわすことはなかったが、今日《きょう》はたまたま入れ違《ちが》いで予約《よやく》をとっていた。クリニックのロビーでエツコとすれ違《ちが》ったときも、ラッキー、と思《おも》った。「うっす」「そっちも虫歯《むしば》？」「悪《わる》いかよ」「べつに」――ほんのそれだけの会話《かいわ》でも、今日《きょう》はサイコーだと満足《まんぞく》していた。

しかも、五分足《ごふんた》らずの短《みじか》い治療《ちりょう》の間《あいだ》に雨《あめ》が降《ふ》りはじめた。会計《かいけい》で支払《しはら》いを終《お》えてエレベータに乗《の》るとき、もしかしたら、と期待《きたい》した。みごとに当《あ》たった。ラッキーが二倍《にばい》。傘《かさ》を持《も》っていなかったエツコは、外《そと》に出《で》られずに、一人《ひとり》で雨《あま》やどりをしていたのだ。

少年《しょうねん》は折《お》り畳《たた》み傘《かさ》をバッグに入《い》れている。「夕立《ゆうだち》が降《ふ》るって天気予報《てんきよほう》で言《い》ってたよ」と出《で》がけにお母《かあ》さんに傘《かさ》を渡《わた》され、めんどうくさいなあ、と思《おも》いながらもバッグに放《ほう》り込《こ》んだ。それが大正解《だいせいかい》だった。

エツコはまだ少年《しょうねん》に気《き》づいていない。少年《しょうねん》もエレベータの前《まえ》にたたずんだまま、作戦《さくせん》を考《かんが》えた。

「一緒《いっしょ》に帰《かえ》ろうぜ」と傘《かさ》に入《い》れてやる——それはちょっと無理《むり》だ、いくらなんでも。だいいち、相合《あいあ》い傘《がさ》なんてオトコらしくない。

オトコらしくするのなら、答《こた》えは一《ひと》つしかなかった。

「貸《か》してやるよ、これ」——傘《かさ》をエツコに差《さ》し出《だ》して、そのまま自分《じぶん》は外《そと》に駆《か》けだして、雨《あめ》の中《なか》をダッシュして帰《かえ》る。いい。すごくいい。お母《かあ》さんには傘《かさ》をなくしたと言《い》えばいい。たとえ叱《しか》られても、言《い》い訳《わけ》なし。そういうところがオトコらしさなのだ。明日《あした》の朝《あさ》、学校《がっこう》でエツコから「ありがとう」の一言《ひとこと》とともに傘《かさ》を返《かえ》してもらえば、クラスのヤツらはびっくりするだろうし、なにがあったのか訊《き》いてくるヤツもいるだろうし、「アツーい、アツーい」と冷《ひ》やかすヤツもいるだろうし……そういうのをぜんぶひっくるめて、とにかく、すごくいい。

あとは、いつ、どんなふうにエツコに声《こえ》をかけるか。そこが問題《もんだい》だ。顔《かお》が赤《あか》くなったらサイテーだし、声《こえ》が震《ふる》えてしまったら、もっとサイテーだ。とりあえず傘《かさ》をバッグから出《だ》して、ぎゅっと握《にぎ》りしめて、落《お》ち着《つ》け落《お》ち着《つ》け、と自分《じぶん》に言《い》い聞《き》かせていたら、雷《かみなり》がまた鳴《な》った。玄関《げんかん》のガラスがビリビリッと震《ふる》えた。

エツコは「きゃっ!」と短《みじか》く叫《さけ》んで、身《み》を縮《ちぢ》めながら外《そと》に背《せ》を向《む》けた。

目《め》が合《あ》った。泣《な》きだしそうな顔《かお》をしたエツコは、学校《がっこう》で会《あ》うときよりも幼《おさな》く見《み》えた。

雨《あめ》が降《ふ》る。雷《かみなり》の音《おと》は少《すこ》しずつ遠《とお》ざかっていたが、雨脚《あまあし》はあいかわらず強《つよ》い。気象庁《きしょうちょう》の梅雨明《つゆあ》け宣言《せんげん》を追《お》い抜《ぬ》いて、季節《きせつ》が変《か》わる。街角《まちかど》に咲《さ》くアジサイの花《はな》を散《ち》らすこの雨《あめ》は、夏《なつ》の夕立《ゆうだち》だ。

一丁目《いっちょうめ》の少年《しょうねん》はクリームソーダをストローで飲《の》みながら、色《いろ》のついた窓《まど》ガラス越《ご》しに外《そと》の通《とお》りを見《み》ていた。駅《えき》行《ゆ》きのバスが、いま、喫茶店《きっさてん》の前《まえ》を走《はし》り抜《ぬ》けていった。結局《けっきょく》バスを二本《にほん》やり過《す》ごしたことになる。

顔《かお》を外《そと》に向《む》けたまま、横目《よこめ》でおばあちゃんの様子《ようす》をうかがった。おばあちゃんは、あんみつの豆《まめ》を一《ひと》つずつスプーンですくって食《た》べている。バスに乗《の》れずにふてくされているようにも見《み》えるし、ただあんみつを食《た》べるのに夢中《むちゅう》になっているだけのようにも見《み》える。

甘《あま》いものは、おばあちゃんもお母《かあ》さんも大好《だいす》きだ。でも、おばあちゃんは和菓子《わがし》のあんこが好《す》きで、お母《かあ》さんはゼリーやババロアのような洋菓子《ようがし》が好《す》き——二人《ふたり》のケンカは、あんがいそういうところに原因《げんいん》があるのかもしれない、と少年《しょうねん》は思《おも》う。

（中略《ちゅうりゃく》）

雨《あめ》は降《ふ》り出《だ》したときと同《おな》じように、小降《こぶ》りになってきたと思《おも》う間《ま》もなくあがった。

三丁目《さんちょうめ》の少年《しょうねん》は折《おり》畳《たた》み傘《かさ》をバッグにしまった。「いらなーい」――エツコに言《い》われた言葉《ことば》が、まだ耳《みみ》の奥《おく》に残《のこ》っている。傘《かさ》を差《さ》し出《だ》すと、「お母《かあ》さんが迎《むか》えに来《き》てくれるから」の一言《ひとこと》であっさり断《ことわ》られた。実際《じっさい》、エントランスの外《そと》から車《くるま》のクラクションが聞《き》こえたところだった。

「じゃあね、バイバイ」

エツコは軽《かる》く手《て》を振《ふ》って外《そと》に出《で》て、それですべてが終《お》わった。「一緒《いっしょ》に乗《の》って帰《かえ》る？」と誘《さそ》ってもくれなかった。傘《かさ》を貸《か》せなかったことよりも、そっちのほうが最初《さいしょ》はショックだった。でも、こっちは傘《かさ》を持《も》っているのだから誘《さそ》うわけがない。理屈《りくつ》の筋道《すじみち》を通《とお》して少《すこ》しだけ立《た》ち直《なお》り、誘《さそ》われてもどうせ乗《の》らなかったし、とつづけて、①なっ、なっ、そうだよな、と自分《じぶん》に確《たし》かめた。あったりまえじゃん。力強《ちからづよ》く答《こた》えた――つもりだ。

しょんぼりとうつむいて、ロビーを抜《ぬ》けて、自動《じどう》ドアのエントランスをくぐって外《そと》に出《で》た。

ビルのひさしから雨《あま》だれが落《お》ちていた。雲《くも》の切《き》れ間《ま》から陽《ひ》が射《さ》して、濡《ぬ》れた路面《ろめん》がきらきら光《ひか》る。埃《ほこり》を洗《あら》い流《なが》された街並《まちな》みは輪郭《りんかく》がくっきりとして、街路《がいろ》樹《じゅ》の緑《みどり》も鮮《あざ》やかになった。ビルとビルの隙間《すきま》の空《そら》を、鳥《とり》がよぎっていった。あの鳥《とり》も、どこかで雨《あま》やどりをしていたのかもしれない。

一丁目《いっちょうめ》の少年《しょうねん》は、喫茶店《きっさてん》を出《で》ると、東《ひがし》の空《そら》に虹《にじ》を見《み》つけた。きれいな色《いろ》や形《かたち》はしていなかったが、青《あお》や赤《あか》の帯《おび》が空《そら》に映《うつ》し出《だ》されている。おばあちゃんも「これで今夜《こんや》は涼《すず》しゅうなるわ」と笑《わら》って、バス停《てい》とは反対側《はんたいがわ》に歩《ある》きだした。

「なあ、トシちゃん」

「……なに？」

「水《みず》ようかん、買《こ》うて帰《かえ》ろうか」

どこに——とは、言《い》わなかった。少年《しょうねん》も訊《き》かない。かわりに、「ぼく、買《か》ってくる」と言《い》った。和菓子屋《わがしや》さんは通《とお》りの先《さき》の交差点《こうさてん》の、もっと先《さき》にある。

おばあちゃんは「ほんなら、交差点《こうさてん》のところまで行《い》って待《ま》っとるけん」と少《しょう》年《ねん》に財布《さいふ》を渡《わた》して、少《すこ》し照《て》れくさそうにつづけた。②「夏《なつ》みかんのゼリーも買《こ》うとこうか」

（中略《ちゅうりゃく》）

三丁目《さんちょうめ》の少年《しょうねん》も虹《にじ》を見《み》つけた。空《そら》ではなく、道路《どうろ》に。車《くるま》のオイルが水《みず》たまりに虹色《にじいろ》の膜《まく》をつくっていたのだ。

ズックで、そっと虹《にじ》を踏《ふ》んでみた。きれいな色《いろ》の帯《おび》はゆらゆらと揺《ゆ》れて乱《みだ》れても、色《いろ》そのものは消《き》えない。
③よし、と少年《しょうねん》は顔《かお》を上《あ》げた。夕立《ゆうだち》の名残《なごり》の、ひんやりと湿《しめ》った風《かぜ》が頬《ほお》をか

すめた。

重松清《しげまつきよし》『雨《あま》やどり』より

（※）エントランス：入《い》り口《ぐち》

●問一：傍線部《ぼうせんぶ》①に「なっ、なっ、そうだよな」とありますが、この時《とき》の三丁目《さんちょうめ》の少年《しょうねん》の気持《きも》ちを説明《せつめい》したものとして、最《もっと》も適当《てきとう》なものを次《つぎ》の中《なか》から選《えら》び、記号《きごう》で答《こた》えなさい。

ア　車《くるま》に乗《の》らない方《ほう》がいいという考《かんが》えが正《ただ》しいと確信《かくしん》している。
イ　傘《かさ》を貸《か》せなかったけれども、仕方《しかた》がないとあきらめている。
ウ　エツコは優《やさ》しさのない子《こ》だと、自分《じぶん》を納得《なっとく》させようとしている。
エ　ショックから立《た》ち直《なお》ろうと、自分《じぶん》をはげましている。

●問二：傍線部《ぼうせんぶ》②に「夏《なつ》みかんのゼリーも買《こ》うとこうか」とありますが、この時《とき》のおばあちゃんの気持《きも》ちを二十字程度《にじゅうじていど》にまとめて答《こた》えなさい。

※『雨《あま》やどり』（「小学五年生《しょうがくごねんせい》」文春文庫所収《ぶんしゅんぶんこしょしゅう》）

●問三：傍線部《ぼうせんぶ》③に「よし、と少年《しょうねん》は顔《かお》を上《あ》げた」とありますが、この時《とき》の三丁目《さんちょうめ》の少年《しょうねん》の気持《きも》ちを説明《せつめい》したものとして、最《もっと》も適当《てきとう》なものを次《つぎ》の中《なか》から選《えら》び、記号《きごう》で答《こた》えなさい。

ア　ショックから立《た》ち直《なお》り、いつもの自分《じぶん》を取《と》り戻《もど》している。

イ　エツコのことはもう相手《あいて》にするまいと自分《じぶん》をなぐさめている。

ウ　今回《こんかい》の出来事《できごと》もいい思《おも》い出《で》になるだろうと納得《なっとく》している。

エ　エツコに今回《こんかい》の仕返《しかえ》しをしてやろうと決意《けつい》している。

問題《もんだい》4

次《つぎ》の文章《ぶんしょう》を読《よ》んで後《あと》の問《と》いに答《こた》えなさい。

五年生《ごねんせい》になった新学期《しんがっき》の最初《さいしょ》の日《ひ》、教師《きょうし》が一人《ひとり》の新入生《しんにゅうせい》を教室《きょうしつ》に連《つ》れてきた。首《くび》に白《しろ》い繃帯《ほうたい》をまき眼鏡《めがね》をかけた小《ち》さな子《こ》だった。教壇《きょうだん》(＊1)の横《よこ》で彼《かれ》は女《おんな》の子《こ》のように眼《め》を伏《ふ》せて床《ゆか》の一点《いってん》をみつめていた。

「みんな」黄《き》ばんだスポーツ・パンツをはいたその若《わか》い教師《きょうし》は腰《こし》に手《て》をあてて大声《おおごえ》で叫《さけ》んだ。

「東京《とうきょう》から転校《てんこう》してきた友《とも》だちや。仲良《なかよ》うせな、あかんぜ」

それから彼《かれ》は黒板《こくばん》に白墨《はくぼく》(＊2)で若林稔《わかばやしみのる》という名《な》を書《か》いた。

「アキラよ、この子《こ》の名《な》、読《よ》めるか」

教室《きょうしつ》はすこし、ざわめいた。中《なか》にはぼくの方《ほう》をそっと振《ふ》りかえる者《もの》もいる。その若林《わかばやし》という子《こ》がぼくと同《おな》じように髪《かみ》の毛《け》を長《なが》く伸《の》ばしていたからである。ぼくといえば、多少《たしょう》、敵意《てきい》とも嫉妬《しっと》ともつかぬ感情《かんじょう》で、その首《くび》に白《しろ》い繃帯《ほうたい》をまいた子供《こども》を眺《なが》めていた。鼻《はな》にずり落《お》ちた眼鏡《めがね》を指《ゆび》であげながら、彼《かれ》はこちらをチラッと盗《ぬす》み見《み》ては眼《め》を伏《ふ》せた。

「みんな、夏休《なつやす》みの作文《さくぶん》、書《か》いてきたやろ」教師《きょうし》は言《い》った。「若林《わかばやし》クンはあの席《せき》に座《すわ》って聞《き》きなさい。まず、戸田《とだ》クン、読《よ》んでみろや」

新入生《しんにゅうせい》のことを教師《きょうし》が若林《わかばやし》クンと呼《よ》んだことが、ぼくの自尊心《じそんしん》(＊3)を傷《きず》つけた。この組《くみ》で君《くん》をつけて呼《よ》ばれるのは今日《きょう》までぼくが一人《ひとり》だけの特権《とっけん》だったからである。

命《めい》ぜられるままに、たち上《あ》って作文《さくぶん》を読《よ》みはじめた。何時《いつ》もなら、この時間《じかん》はぼくにとって楽《たの》しいものなのだ。自分《じぶん》の書《か》いたものを模範作文《もはんさくぶん》として皆《みな》に朗読《ろうどく》することは大《おお》いに虚栄心《きょえいしん》(＊4)を充《み》たしてくれたのだが、この日《ひ》は読《よ》みながら、①心《こころ》は落《お》ちつかなかった。斜《なな》め横《よこ》の椅子《いす》に腰《こし》をおろした新入生《しんにゅうせい》の眼鏡《めがね》が気《き》になったのである。彼《かれ》は東京《とうきょう》の小学校《しょうがっこう》から来《き》ている。髪《かみ》の毛《け》を伸《の》ばし、白《しろ》い襟《えり》のでたシャれた洋服《ようふく》を着《き》ている。(負《ま》けんぞ)ぼくは心《こころ》の中《なか》で呟《つぶや》いた。

作文《さくぶん》の時《とき》、ぼくはいつも一《いち》、二《に》ヵ所《しょ》のサワリを作《つく》っておく。サワリとは師範《しはん》出《で》(＊5)の若《わか》い教師《きょうし》が悦《よろこ》びそうな場面《ばめん》である。別《べつ》に意識《いしき》して書《か》いたのではないが、鈴木三重吉《すずきみえきち》(＊6)の「赤《あか》い鳥《とり》」文集《ぶんしゅう》を生徒《せいと》に読《よ》みきかせるこの青年教師《せいねんきょうし》から賞《ほ》められるために、純真《じゅんしん》さ、少年《しょうねん》らしい感情《かんじょう》を感《かん》じさせる場面《ばめん》を織《お》りこんでおいたのだ。

「夏休《なつやす》みのある日《ひ》、木村君《きむらくん》が病気《びょうき》だと聞《き》いたので、さっそく見《み》まいに行《い》こうと考《かん》えた」とその日《ひ》もぼくは皆《みな》の前《まえ》で朗読《ろうどく》した。

これは本当《ほんとう》だった。けれどもそれに続《つづ》くあとの部分《ぶぶん》で、例《れい》によってぼくはありもしない場面《ばめん》を作《つく》りあげていた。病気《びょうき》の木村君《きむらくん》のため、苦心《くしん》して採集《さいしゅう》した蝶《ちょう》の標本箱《ひょうほんばこ》を持《も》っていこうとする。ネギ畠《ばたけ》の中《なか》を歩《ある》きながら、突然《とつぜん》、それをやることが惜《お》しくなる。幾度《いくど》も家《いえ》に戻《もど》ろうとするが、やっぱり木村君《きむらくん》の家《いえ》まで来《き》てしまう。そして彼《かれ》の悦《よろこ》んだ顔《かお》を見《み》てホッとする……

「よおし」ぼくが読《よ》み終《お》わった時《とき》、②教師《きょうし》はいかにも満足《まんぞく》したように組中《くみじゅう》の子供《こども》を見《み》まわした。「戸田《とだ》クンの作文《さくぶん》のどこがええか、わかるか。わかった者《もの》は手《て》をあげよ」

二《に》、三人《さんにん》の子供《こども》が自信《じしん》なげに手《て》をあげた。ぼくには彼等《かれら》の答《こた》えも、教師《きょうし》の言《い》いたいこともほぼ見当《けんとう》がついていた。木村《きむら》マサルという子《こ》に標本箱《ひょうほんばこ》を持《も》っていってやったのは本当《ほんとう》である。だが、それは彼《かれ》の病気《びょうき》に同情《どうじょう》したためではない。キリギリスの鳴《な》きたてる畠《はたけ》を歩《ある》いたことも事実《じじつ》である。だが、これをくれてやることが惜《お》しいとは思《おも》いもしなかった。なぜならぼくは三《みっ》つほど、そんな標本《ひょうほん》箱《ばこ》を父《ちち》から買《か》い与《あた》えられていたからだ。木村《きむら》が悦《よろこ》んだことは言《い》うまでもない。だが、あの時《とき》、ぼくが感《かん》じたのは彼《かれ》の百姓家《ひゃくしょうや》のきたなさと優越感《ゆうえつかん》とだけであった。

「アキラ。答《こた》えてみろや」

「戸田《とだ》クンがマサルに標本箱《ひょうほんばこ》……大切《たいせつ》な標本箱《ひょうほんばこ》、やりはったのが偉《えら》いと思《おも》います」

「それは、まあ、そやけれど、この作文《さくぶん》の、ええ所《ところ》は」教師《きょうし》は白墨《はくぼく》をとると黒《こく》板《ばん》に——良心的《りょうしんてき》——という三文字《さんもじ》を書《か》きつけた。「ネギ畠《ばたけ》を歩《ある》きながら標本箱《ひょうほんばこ》やるのが惜《お》しゅうなった気持《きもち》をありのままに書《か》いているやろ。みなの作文《さくぶん》には時々《ときどき》、ウソがある。しかし戸田《とだ》クンは本当《ほんとう》の気持《きもち》を正直《しょうじき》に書《か》いている。良心的《りょうしんてき》だナ」

ぼくは黒板《こくばん》に教師《きょうし》が大書《たいしょ》した良心的《りょうしんてき》という三文字《さんもじ》を眺《なが》めた。どこかの教室《きょうしつ》でかすれたオルガンの音《おと》がきこえる。女《おんな》の子《こ》たちが唱歌《しょうか》(＊7)を歌《うた》っている。別《べつ》にウソをついたとも仲間《なかま》や教師《きょうし》をダマしたとも思《おも》わなかった。今日《きょう》まで学校《がっこう》でも家庭《かてい》でもそうだったのだし、③そうすることによってぼくは優等生《ゆうとうせい》であり善《よ》い子《こ》だったのである。

ななめ横《よこ》をそっと振《ふ》りむくと、あの髪《かみ》の毛《け》を伸《の》ばした新入生《しんにゅうせい》が鼻《はな》に眼鏡《めがね》を少《すこ》しずり落《お》して黒板《こくばん》をじっと見詰《みつ》めていた。ぼくの視線《しせん》に気《き》づいたのか、彼《かれ》は首《くび》にまいた白《しろ》い繃帯《ほうたい》をねじるようにしてこちらに顔《かお》をむけた。二人《ふたり》はそのまましばらくの間《あいだ》、たがいの顔《かお》を探《さぐ》るように窺《うかが》いあっていた。と、彼《かれ》の頬《ほお》がかすかに赤《あか》らみ、うすい笑《わら》いが唇《くちびる》にうかんだ。(みんなは瞞《だま》されてもネ、僕《ぼく》は知《し》っているよ)その微笑《びしょう》はまるでそう言《い》っているようだった。(ネギ畠《ばたけ》を歩《ある》いたことも、標本箱《ひょうほんばこ》が惜《お》しくなったことも皆《みな》、ウソだろ。うまくやってきたね。だが大人《おとな》を瞞《だま》せても東京《とうきょう》の子供《こども》は瞞《だま》されないよ)

ぼくは視線《しせん》をそらし、耳《みみ》まで赤《あか》い血《ち》がのぼるのを感《かん》じた。オルガンの音《おと》がやみ、女《おんな》の子《こ》たちの声《こえ》も聞《きこ》えなくなった。黒板《こくばん》の字《じ》が震《ふる》え動《うご》いているような気《き》がした。

それからぼくの自信《じしん》は少《すこ》しずつ崩《くず》れはじめた。教室《きょうしつ》でも校庭《こうてい》でもこの若林《わかばやし》という子《こ》がそばにいる限《かぎ》り、何《なに》かうしろめたい屈辱感《くつじょくかん》に似《に》たものを感《かん》じるのである。勿論《もちろん》、そのために成績《せいせき》が落《お》ちるということはなかったが、教師《きょうし》から皆《みな》の前《まえ》でホメられた時《とき》、図画《ずが》や書《か》き方《かた》が壁《かべ》にはられた時《とき》、組《くみ》の自治会《じちかい》で仲間《なかま》から委員《いいん》にまつり上《あ》げられた時《とき》、④ぼくは彼《かれ》の眼《め》をひそかに盗《ぬす》み見《み》てしまう。

遠藤周作《えんどうしゅうさく》『海《うみ》と毒薬《どくやく》』より

（＊1）教壇《きょうだん》：教師《きょうし》が教《おし》える時《とき》に立《た》つ一段高《いちだんたか》くなった所《ところ》。

（＊2）白墨《はくぼく》：チョークのこと。

（＊3）自尊心《じそんしん》：自分《じぶん》を優秀《ゆうしゅう》な者《もの》だと思《おも》う気持《きも》ち。プライド。

（＊4）虚栄心《きょえいしん》：うわべだけをかざり、自分《じぶん》をよく見《み》せようと思《おも》う気持《きも》ち。

（＊5）師範出《しはんで》：師範学校《しはんがっこう》の卒業生《そつぎょうせい》。師範学校《しはんがっこう》は旧学校制度《きゅうがっこうせいど》で小学校教員《しょうがっこうきょういん》を養成《ようせい》する学校《がっこう》。

（＊6）鈴木三重吉《すずきみえきち》：小説家《しょうせつか》。子供向《こどもむ》けの雑誌《ざっし》「赤《あか》い鳥《とり》」を創刊《そうかん》した。

（＊7）唱歌《しょうか》：学校教育《がっこうきょういく》で歌《うた》われる歌曲《かきょく》。

●問一：傍線部《ぼうせんぶ》①に「心《こころ》は落《お》ちつかなかった」とありますが、その理由《りゆう》を説明《せつめい》したものとして最《もっと》も適当《てきとう》なものを次《つぎ》の中《なか》から選《えら》び、記号《きごう》で答《こた》えなさい。

※『海《うみ》と毒薬《どくやく》』（講談社文庫《こうだんしゃぶんこ》ほか）

ア　髪《かみ》の毛《け》を長《なが》く伸《の》ばし、白《しろ》い襟《えり》のシャれた洋服《ようふく》を着《き》て、女《おんな》の子《こ》のようだったから。
イ　東京《とうきょう》から来《き》た新入生《しんにゅうせい》は、級友《きゅうゆう》たちとはちがって優秀《ゆうしゅう》かもしれないと思《おも》ったから。
ウ　「ぼく」と同《おな》じように髪《かみ》の毛《け》を長《なが》く伸《の》ばしていたので、対抗心《たいこうしん》を抱《いだ》いたから。
エ　新入生《しんにゅうせい》が「ぼく」の特権《とっけん》である「君《くん》」づけで呼《よ》ばれたので、屈辱《くつじょく》を感《かん》じたから。

●問二：傍線部《ぼうせんぶ》②に「教師《きょうし》はいかにも満足《まんぞく》したように組中《くみじゅう》の子供《こども》を見《み》まわした」とありますが、なぜ教師《きょうし》は「ぼく」の書《か》いた作文《さくぶん》に満足《まんぞく》したのですか。その理由《りゆう》を本文《ほんぶん》の表現《ひょうげん》を使《つか》って三十字《さんじゅうじ》以内《いない》にまとめて答《こた》えなさい。

●問三：傍線部《ぼうせんぶ》③に「そうすることによってぼくは優等生《ゆうとうせい》であり善《よ》い子《こ》だったのである」とありますが、「ぼく」が考《かんが》える「優等生《ゆうとうせい》」・「善《よ》い子《こ》」とはどのような人物《じんぶつ》なのですか。その人物《じんぶつ》の説明《せつめい》として最《もっと》も適当《てきとう》なものを次《つぎ》の中《なか》から選《えら》び、記号《きごう》で答《こた》えなさい。

ア　子供《こども》らしくウソをつかず、いつも純真《じゅんしん》な心《こころ》を持《も》った人物《じんぶつ》。
イ　他《ほか》の子供《こども》たちよりも常《つね》に優位《ゆうい》に立《た》って、教師《きょうし》に認《みと》められる人物《じんぶつ》。
ウ　自分《じぶん》の行動《こうどう》に自信《じしん》を持《も》ち、いつも模範的《もはんてき》な行動《こうどう》をする人物《じんぶつ》。
エ　教師《きょうし》の望《のぞ》むことを読《よ》み取《と》り、その通《とお》りに行動《こうどう》できる人物《じんぶつ》。

●問四：傍線部《ぼうせんぶ》④に「ぼくは彼《かれ》の眼《め》をひそかに盗《ぬす》み見《み》てしまう」とありますが、それはなぜですか。その理《り》由《ゆう》を説明《せつめい》したものとして最《もっと》も適当《てきとう》なものを次《つぎ》の中《なか》から選《えら》び、記号《きごう》で答《こた》えなさい。

ア　「ぼく」が周囲《しゅうい》から評価《ひょうか》された時《とき》、若林《わかばやし》ならどのような行動《こうどう》を取《と》るのか気《き》になったから。

イ　「ぼく」よりも若林《わかばやし》の方《ほう》が優秀《ゆうしゅう》だと思《おも》い、若林《わかばやし》が「ぼく」をどう思《おも》っているのか気《き》にしていたから。

ウ　「ぼく」が常《つね》に優等生《ゆうとうせい》であるためには、「ぼく」の正体《しょうたい》を知《し》っている若林《わかばやし》に認《みと》めてもらうしかないと思《おも》ったから。

エ　「ぼく」が教師《きょうし》の望《のぞ》む通《とお》りにして優等生《ゆうとうせい》の地位《ちい》を保《たも》っていることが、若林《わかばやし》に見抜《みぬ》かれているのではないかと不安《ふあん》になっているから。

解説・解答

問題《もんだい》1 ▼ 解答《かいとう》

▼スケモンを使《つか》って本文《ほんぶん》を読《よ》んでみよう。

小学《しょうがく》6年生《ねんせい》の太《ふとし》と恵子《けいこ》は幼《おさな》なじみ。神社横《じんじゃよこ》の自動販売機《じどうはんばいき》で、恵子《けいこ》は缶《かん》ジュースをふたつ買《か》い、太《ふとし》と二人《ふたり》で神社《じんじゃ》のかやぶき屋根《やね》の休憩所《きゅうけいじょ》に入《はい》った。


「太《ふとし》くん、どうして遠泳《えんえい》なんかに出《で》ようと思《おも》ったの？」

と恵子《けいこ》は❶缶《かん》ジュースを両手《りょうて》に持《も》ったまま いった。

「わかんねえよ。なんだかわかんねえけど、このごろおもしろくなくてさ。」

太《ふとし》は缶《かん》ジュースを❷ぐびっと飲《の》んだ。

「うん。おもしろくないよね。」

恵子《けいこ》は❸こくんとうなずいた。

話《はなし》はそこでまたとぎれた。

セミの声《こえ》がものすごかった。玉砂利《たまじゃり》のまぶしい境内《けいだい》には、ひとっこひとりいなかった。

「それだけ？」

「うん。」

❶❷❸クッツキ言葉《ことば》

クッツーキ

「ほかになにか理由《りゆう》はないの。自分《じぶん》をためしてみたいとか。自分《じぶん》に勝《か》つんだとか。」

「ないよ。そんなめんどくせえの。」

死《し》んだ父親《ちちおや》のことや、裁判《さいばん》のことや、母親《ははおや》のことや、遠泳《えんえい》に出《で》ないものがなんとなくばかにされることがくやしかったことや、いろんなことがうかんだけど、それが理由《りゆう》だとするには、うまく整理《せいり》がついていなかった。だからそんな答《こた》え方《かた》をした。

「ないのか。なにかすごいわけがあるのかと思《おも》った。」

「ない。がっかりしたか。」

「ううん。その反対《はんたい》。いいね。そういうの。はじめ太《ふとし》くんの遠泳《えんえい》の話《はなし》をきいたとき、ばっかだなって思《おも》ったの。だってわたしより泳《およ》げないんだもん。ごめんね。でも、そういうのって、いいなって思《おも》う。ばっかみたいなのって、いい。」

「ばかばかっていうなよ。」

「ごめん。でも、ほめてるのよ。ううん、うらやましがってるのかな。」

「うらやましいの？」

「たぶんね。わたしにもよくわからない。でも、太《ふとし》くんと同《おな》じで、おもしろくないっていうのはあるよ。このごろよく考《かんが》えるの。十二歳《じゅうにさい》って、ふしぎだなって。」

「なにがさ。」

「全部《ぜんぶ》がわかっちゃってしまうっていうか、世《よ》の中《なか》のことも人間《にんげん》のことも。わたしは女《おんな》の子《こ》で、どんな女《おんな》の子《こ》で暮《く》らしていこうか、決《き》めなければいけなくなるっていうか。こっから先《さき》はまるで演技《えんぎ》なのよね。恵子《けいこ》って女《おんな》の子《こ》は、こんな子《こ》ですっていう。ぶりっこでいこうか、まじめちゃんでいこうか、とんでる女《おんな》の子《こ》でいこうかって。」

「女《おんな》の子《こ》って、そんなことを考《かんが》えるのか。」

「わたしだけかもしれないけどね。」

「でも、なんとなくわかるよな。自分《じぶん》でもわからないんだけど、いらいらするんだ。」

――太《ふとし》は話《はな》しながら、❹こんなふうなことを、これまで恵子《けいこ》と話《はな》したことがないなと思《おも》った。アパートではきょうだいの❺ように育《そだ》ってきたのに、こんなふうな話《はなし》は一度《いちど》もなかった。では、どんなことをしゃべりあってきたかというと、ふしぎにもまったく思《おも》いだせない。だが今日《きょう》の話《はなし》は、これから何年《なんねん》か先《さき》にも、❻きっと覚《おぼ》えていられる気《き》がした。

❹傍線部内《ぼうせんぶない》の指示語《しじご》

シージー

❺ような言葉《ことば》（状況《じょうきょう》を説明《せつめい》している）

ヒユ・ヨーナ

❻クッツキ言葉《ことば》

クッツーキ

▼問題文《もんだいぶん》は恵子《けいこ》と太《ふとし》が神社《じんじゃ》の休憩所《きゅうけいじょ》で会話《かいわ》をしている場面《ばめん》なので、バメンザエモンは使《つか》わないで全体《ぜんたい》を1つの場面《ばめん》として考《かんが》えよう。

▼問《と》いの解《と》き方《かた》

設問《せつもん》となっている傍線部内《ぼうせんぶない》に「指示語《しじご》」があるので、シージーの奥義《おうぎ》が使《つか》える。まず、「こんなふうなこと」の「こ」を「ど」に変《か》えて「どんなふうなこと」として、この部分《ぶぶん》を疑問文《ぎもんぶん》にしてみる。

こんなふうなことを、これまで恵子《けいこ》と話《はな》したことがないな

⬅

どんなふうなことを、これまで恵子《けいこ》と話《はな》したことがないの？

この疑問文《ぎもんぶん》の答《こた》えを指示語《しじご》の前《まえ》から探《さが》すために、「話《はな》したこと＝二人《ふたり》の会話《かいわ》」をすべて抜《ぬ》き出《だ》して考《かんが》えてみよう。また、最終行《さいしゅうぎょう》に『だが今日《きょう》の話《はなし》は、これから何年《なんねん》か先《さき》にも、⑥きっと覚《おぼ》えていられる気《き》がした』とクッツキ言葉《ことば》があるように、ふだんは話《はな》したことのない印象的《いんしょうてき》な内容《ないよう》であったことがわかる。

▼**問《とい》の解答《かいとう》：イ**

二人《ふたり》が話《はな》している内容《ないよう》は、本文1行目《ぎょうめ》の**「太《ふとし》くん、どうして遠泳《えんえい》なんかに出《で》ようと思《おも》ったの？」**から、本文終《ほんぶんお》わりから7行目《ぎょうめ》の**「でも、なんとなくわかるよな。自分《じぶん》でもわからないんだけど、いらいらするんだ。」**までとなり、この中《なか》には太《ふとし》の「このごろおもしろくない」という気持《きも》ちや、恵子《けいこ》の「（太《ふとし》を）うらやましがってる」「十二《じゅうに》歳《さい》って、ふしぎだな」「いらいらするんだ」といった気持《きも》ちが述《の》べられている。これらは、二人《ふたり》が話《はな》したことのない心《こころ》の中《なか》にある思《おも》いである

ア　太《ふとし》があえて遠泳《えんえい》に参加《さんか》しようと思《おも》った理由《りゆう》を話《はな》すこと。
↓話題《わだい》としては出《で》ているが、話《はなし》の一部《いちぶ》でしかない。

ウ　恵子《けいこ》のこれからどのように生《い》きるかという悩《なや》みを話《はな》すこと。
↓これも話《はなし》の一部《いちぶ》でしかない。

エ　二人《ふたり》が日《ひ》ごろ感《かん》じている学校《がっこう》や社会《しゃかい》への不満《ふまん》を話《はな》し合《あ》うこと。
↓学校《がっこう》や社会《しゃかい》に対《たい》する不満《ふまん》は話《はな》していない。

ザッ
君《きみ》たちには
スケモンが
ついている！

問題《もんだい》2 ▼ 解答《かいとう》

▼スケモンを使《つか》って本文《ほんぶん》を読《よ》んでみよう。

夕食《ゆうしょく》の後片付《あとかたづ》けを終《お》えたあとで、ランドセルから出《だ》したピンクの紙《かみ》をお母《かあ》さんに見《み》せた。お母《かあ》さんは❶エプロンを外《はず》しながら「はあはあ、まあまあ」と気《き》の抜《ぬ》けた返事《へんじ》をよこしたあと、紙《かみ》を受《う》け取《と》って❷大《おお》きく❸ため息《いき》をついた。

「セン、寝《ね》る前《まえ》にちゃんと歯《は》、みがいてんの？」

私《わたし》は「うん、ちゃんとみがいてる」となるべくきちんと聞《き》こえる❹ように返事《へんじ》をした。テレビを見《み》たりマンガを読《よ》んだりの「ながら」歯《は》みがきだとはバレない❺ように。けれどもお母《かあ》さんは「鏡見《かがみみ》てみがいてないでしょ」と❻あっさり指摘《してき》した。

怒《おこ》られるかな、と思《おも》ったのだけれど、お母《かあ》さんはしばらく何《なに》か考《かんが》える❼ように腕組《うでぐ》みをしていた。そして❽ふと私《わたし》と目《め》を合《あ》わせると、❾いかにもな作《つく》り笑《わら》いをして話《はな》しかけてきた。

「セン、四年生《よねんせい》だし、もうひとりで歯医者《はいしゃ》……」

「やだっ」

❿最後《さいご》まで聞《き》かずにさえぎった。私《わたし》の頭《あたま》の中《なか》にはもう、茶色《ちゃいろ》いガラスでできた「崎山歯科《さきやましか》」の扉《とびら》が再現《さいげん》されている。ただでさえ怖《こわ》い歯医者《はいしゃ》の入《い》り口《ぐち》を、

❶❷❻❽❾❿クッツキ言葉《ことば》

クッツーキ

❸カラダ言葉《ことば》

ミス☆カラダン

❹❺❼ような言葉《ことば》（気持《きも》ちを説明《せつめい》している）

ヒユ・ヨーナ

不透明《ふとうめい》なガラスでつくるなんて絶対《ぜったい》におかしい。前歯《まえば》と鼻《はな》の中間辺《ちゅうかんあた》りにつんとくる歯医者特有《はいしゃとくゆう》のにおいが、重《おも》い扉《とびら》からも不思議《ふしぎ》と漏《も》れて、気持《きも》ちをよけいに毛羽立《けばだ》たせる。いつもは先《さき》に立《た》ったばあちゃんがドアを開《あ》けるので、⓫仕方《しかた》なく入《はい》るけれど、もし付《つ》き添《そ》いが居《い》なかったら、私《わたし》はあのドアを開《あ》けられない。⓬暗《くら》くなるまで立《た》ち尽《つ》くしている気《き》がする。

それに、待合室《まちあいしつ》だって嫌《きら》いだ。大人《おとな》向《む》けの週刊誌《しゅうかんし》と、小《ちい》さい子《こ》向《む》けの童話《どうわ》の絵本《えほん》しかない本棚《ほんだな》、染《し》みのついたソファ。なんだか冷《つめ》たい感《かん》じのする、背《せ》の高《たか》い受付《うけつけ》カウンターも気《き》に入《い》らない。もっと嫌《いや》なのは、同《おな》じ学校《がっこう》の仲良《なかよ》くない子《こ》と鉢合《はちあ》わせすることだった。何《なに》か喋《しゃべ》ったほうがいいのかな、でもなんにも話《はな》すことないな、というあの間《ま》が嫌《いや》だ。私《わたし》は同《おな》じ学校《がっこう》の子《こ》と目《め》を合《あ》わせない⓭ように、⓮いつもばあちゃんの陰《かげ》に隠《かく》れていた。診療室《しんりょうしつ》からは絶《た》えずキンキンと工具《こうぐ》のうなりが聞《き》こえていて、⓯よけいに私《わたし》の⓰背筋《せすじ》をこわばらせた。

「ばあちゃんに連《つ》れてってもらう！」

私《わたし》が主張《しゅちょう》すると、お母《かあ》さんは⓱再《ふたた》びため息《いき》をついた。

「でもばあちゃん、最近足痛《さいきんあしいた》いって言《い》ってるでしょう。歯医者《はいしゃ》は遠《とお》いからねえ」

ぎくりとする。確《たし》かにそうだ。去年《きょねん》の歯医者《はいしゃ》の行《い》き帰《かえ》りだって、ばあちゃんは「ちょっと休《やす》もは」と言《い》って⓲しょっちゅう腰《こし》を下《お》ろしていた。八百屋《やおや》の奥《おく》だったり、甘味屋《かんみや》の前《まえ》のベンチだったり、商店街《しょうてんがい》のいろんな場所《ばしょ》を借《か》りながら歩《ある》いて通《かよ》ったのだった。

⓫⓬⓮⓯⓱⓲クッツキ言葉《ことば》

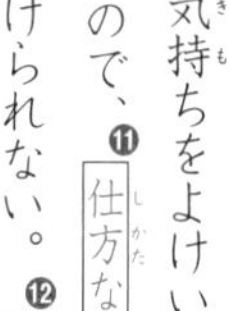

クッツーキ

⓭ような言葉《ことば》（気持《きも》ちを説明《せつめい》している）

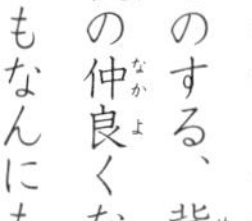

ヒユ・ヨーナ

⓰カラダ言葉《ことば》

ミス☆カラダン

私《わたし》が⑲肩《かた》を落《お》とすと、お母《かあ》さんが⑳私《わたし》の顔《かお》をのぞき込《こ》んで言《い》った。

「隣町《となりまち》の歯医者《はいしゃ》に行《い》こうか？」

それは思《おも》ってもみない提案《ていあん》だった。「え？」と頭《あたま》を上《あ》げると、お母《かあ》さんが続《つづ》けた。

「ほら、ニュータウンのほうに、新《あたら》しい歯医者《はいしゃ》ができたでしょう。あそこ、休日診療《きゅうじつしんりょう》してるって話《はなし》だから、日曜日《にちようび》に車《くるま》で連《つ》れてってあげる」

一年《いちねん》くらい前《まえ》、隣町《となりまち》の外《はず》れにカラフルな壁《かべ》の家《いえ》がたくさん建《た》った。その中《なか》に、「おおぎデンタルクリニック」という看板《かんばん》があった。国道《こくどう》から見《み》えるその歯医者《はいしゃ》は、他《ほか》の住宅《じゅうたく》と同《おな》じ㉑ようにパステルカラーをしていて、形《かたち》もかわいい三角屋根《さんかくやね》だった。隣《となり》には、小《ちい》さな遊具《ゆうぐ》のある公園《こうえん》までついている。

けれど、パステルカラーの建物《たてもの》なんて自分《じぶん》には全《まった》く関係《かんけい》ないものだと思《おも》っていた。私《わたし》にとっては、家《いえ》も学校《がっこう》も歯医者《はいしゃ》も、この町《まち》にある古《ふる》びた建物《たてもの》でなければならない㉒ような、それがさだめである㉓ような気《き》がしていたからだ。

「ほんとに？」

歯医者《はいしゃ》の話《はなし》なのに、私《わたし》は㉔思《おも》わず食《く》いついていた。お母《かあ》さんは、とにかく私《わたし》が歯医者《はいしゃ》に行《い》ってくれることに安心《あんしん》したのか、㉕にこにこしながら「ほんとよお」と言《い》った。

「じゃあ、もう、明後日《あさって》にしようねえ」

「えっ」

それはさっそく過《す》ぎる、と思《おも》ったのだけれど、お母《かあ》さんは㉖しっかりとピ

⑲カラダ言葉《ことば》

ミス☆カラダン

⑳㉔㉕㉖くっつき言葉《ことば》

クッツーキ

㉑ような言葉《ことば》（状況《じょうきょう》を説明《せつめい》している）

ヒユ・ヨーナ

㉒㉓ような言葉《ことば》（気持《きも》ちを説《せつ》明《めい》している）

ヒユ・ヨーナ

ンクの紙《かみ》の端《はし》をにぎって、台所《だいどころ》の隅《すみ》にエプロンを引《ひ》っかけると階段《かいだん》をのぼっていってしまった。反抗《はんこう》の余地《よち》なし。

ひとり残《のこ》された私《わたし》は、口《くち》を閉《と》じてから、舌《した》で左《ひだり》の奥歯《おくば》を㉗モソモソとさぐった。「C4」と言《い》われた左下《ひだりした》なかほどの歯《は》は、マンホール㉘さながらの大《おお》げさな穴《あな》を空《あ》けている。

――パステルカラーの歯医者《はいしゃ》さんなら、魔法《まほう》㉙みたいに㉚簡単《かんたん》に㉛この虫《むし》歯《ば》を治《なお》してくれるかも。

㉗㉚くっつき言葉《ことば》

クッツーキ

㉘㉙ような言葉《ことば》（状況《じょうきょう》を説明《せつめい》している）

ヒユ・ヨーナ

㉛傍線部内《ぼうせんぶない》の指示語《しじご》

シージー

▼まず、バメンザエモンを使《つか》って場面分《ばめんわ》けをしてみよう。お母《かあ》さんとの話《はなし》の内容《ないよう》と時間《じかん》の経過《けいか》から3つの場面《ばめん》に分《わ》けることができる。

バメンザエモン

★最初《さいしょ》の場面《ばめん》（夕食後《ゆうしょくご》、お母《かあ》さんに学校《がっこう》からもらった虫歯《むしば》の知《し》らせであるピンクの紙《かみ》を見《み》せる）
夕食《ゆうしょく》の後片付《あとかたづ》けを終《お》えたあとで、ランドセルから出《だ》したピンクの紙《かみ》をお母《かあ》さんに見《み》せた。（省略《しょうりゃく》）けれどもお母《かあ》さんは「鏡《かがみ》見《み》てみがいてないでしょ」とあっさり指摘《してき》した。

★2番目《ばんめ》の場面《ばあい》（お母《かあ》さんが歯医者《はいしゃ》に行《い》きなさいと言《い》う）↓話題《わだい》が変化《へんか》している（P240本文《ほんぶん》8行目《ぎょうめ》）
怒《おこ》られるかな、と思《おも》ったのだけれど、お母《かあ》さんはしばらく何《なに》かを考《かんが》えるように腕組《うでぐ》みをしていた。

（省略《しょうりゃく》）反抗《はんこう》の余地《よち》なし。

★3番目《ばんめ》の場面《ばめん》（ひとり残《のこ》された私《わたし》の物思《ものおも》い）↓時間《じかん》が変化《へんか》している（P243本文《ほんぶん》3行目《ぎょうめ》）
ひとり残《のこ》された私《わたし》は、口《くち》を閉《と》じてから、舌《した》で左《ひだり》の奥歯《おくば》をモソモソとさぐった。（省略《しょうりゃく》）パステルカラーの歯医者《はいしゃ》さんなら、魔法《まほう》みたいに簡単《かんたん》にこの虫歯《むしば》を治《なお》してくれるかも。

問一《といいち》の解《と》き方《かた》

まず、バメンザエモンが教《おし》えた「場面分《ばめんわ》けの法則《ほうそく》その2　それぞれの場面《ばめん》はそれまでの内容《ないよう》を受《う》ける」に従《したが》って、前《まえ》の場面《ばめん》（最初《さいしょ》の場面《ばめん》）で何《なに》があったかをまとめてみよう。

〈前《まえ》の場面《ばめん》であったこと〉

・学校《がっこう》からもらったピンクの紙《かみ》をお母《かあ》さんに見《み》せたら、お母《かあ》さんはため息《いき》をついた。

↓私《わたし》は学校《がっこう》から虫歯《むしば》になった知《し》らせをもらったので、歯医者《はいしゃ》に行《い》かなければならなくなる。

・お母《かあ》さんは「鏡《かがみ》見《み》てみがいてないでしょ」とあっさり指摘《してき》した。

↓虫歯《むしば》になったのは私《わたし》がきちんと歯《は》みがきをしなかったためなので、私《わたし》のせいである。

続《つづ》いて、傍線部《ぼうせんぶ》①の文《ぶん》を見《み》てみよう。

「肩《かた》を落《お》とす」はカラダ言葉《ことば》だから、「がっかりする」という意味《いみ》だとわかる。

問一《といいち》は「私《わたし》（セン）が、がっかりした理由《りゆう》」を聞《き》いているので、キッカーケに教《おそ》わった「きっかけ探《さが》し」が使《つか》える。「気持《きも》ちのきっかけは状況《じょうきょう》」なので、私《わたし》がどんな状況《じょうきょう》に置《お》かれたのか考《かんが》えてみよう。

・お母《かあ》さんから一人《ひとり》で歯医者《はいしゃ》さんに行《い》きなさいと言《い》われる。

・私《わたし》は歯医者《はいしゃ》には行《い》きたくない。

・私《わたし》にとって歯医者《はいしゃ》さんはこわくて不愉快《ふゆかい》なところだった。

・ばあちゃんに連《つ》れて行《い》ってもらいたいが、ばあちゃんは足腰《あしこし》が悪《わる》いので無理《むり》だと言《い》われる。

キッカーケ

　これに、最初《さいしょ》の場面《ばめん》にあった「虫歯《むしば》になったのは自分《じぶん》のせいである」という内容《ないよう》をつけくわえると、「自《じ》分《ぶん》のせいで虫歯《むしば》になったのだから、歯医者《はいしゃ》さんに行《い》くのがいやでも、またばあちゃんに連《つ》れていってもらえなくても、ひとりで歯医者《はいしゃ》さんに行《い》くしかない」ということになる。

▼問一《といいち》の解答《かいとう》：エ

ア　これ以上《いじょう》「歯医者《はいしゃ》に行《い》かない」と抵抗《ていこう》する気力《きりょく》がなくなったから。

↓「肩《かた》を落《お》とす」はがっかりしたことを表《あらわ》すので、気力《きりょく》がなくなったことではない。

イ　ばあちゃんに連《つ》れていってもらえないのが残念《ざんねん》だったから。

↓がっかりしたのはばあちゃんに連《つ》れていってもらえないだけではなく、きらいな歯医者《はいしゃ》に行《い》かなくてはならないから。

ウ　歯医者《はいしゃ》さんのこわくて不愉快《ふゆかい》なイメージが思《おも》い出《だ》されたから。

↓イと同《おな》じように、こわくて不愉快《ふゆかい》なイメージを思《おも》い出《だ》しただけではなく、きらいな歯医者《はいしゃ》に行《い》かなくてはならないからである。

▼問二《といに》の解《と》き方《かた》

傍線部《ぼうせんぶ》②から想像《そうぞう》できるセンの本音《ほんね》を聞《き》いている。本音《ほんね》とは表《おもて》に表《あらわ》れない本当《ほんとう》の気持《きも》ちなので、「隣町《となりまち》の歯医者《はいしゃ》に行《い》こう」と言《い》われた時《とき》の、気持《きも》ちを表《あらわ》す言葉《ことば》を抜《ぬ》き出《だ》してみよう。

私にとっては、家《いえ》も学校《がっこう》も歯医者《はいしゃ》も、この町《まち》にある古《ふる》びた建物《たてもの》でなければならないような、それがさだめであるような気《き》がしていたからだ。

ともに「気《き》がしている」につづくので、気持《きも》ちを表《あらわ》す「ような言葉《ことば》」である。

ここでは、自分《じぶん》は崎山歯科《さきやましか》のような古《ふる》びた歯医者《はいしゃ》（つまり、こわくて不愉快《ふゆかい》な場所《ばしょ》）に行《い》くしかないのだという、あきらめにも似《に》た気持《きも》ちがこめられている。

ところが、お母《かあ》さんから隣町《となりまち》の歯医者《はいしゃ》に行《い》こうと提案《ていあん》される。その歯医者《はいしゃ》はパステルカラーの建物《たてもの》で、形《かたち》もかわいい三角屋根《さんかくやね》だった。この時《とき》の私《わたし》の気持《きも》ちは、クッツキ言葉《ことば》で表現《ひょうげん》されている。

「ほんとに？」歯医者《はいしゃ》の話《はなし》なのに、私《わたし》は思《おも》わず食《く》いついていた。

↓すぐに新《あたら》しい歯医者《はいしゃ》に興味《きょうみ》を示《しめ》している。

▼問二《といに》の解答《かいとう》：イ

ア　自分《じぶん》は古《ふる》びた歯医者《はいしゃ》に行《い》くしかないのだというあきらめ。

↓「私《わたし》は思《おも》わず食《く》いついていた」というクッツキ言葉《ことば》の部分《ぶぶん》から「あきらめ」だけではないことがわかる。

ウ　パステルカラーの歯医者《はいしゃ》があることに対《たい》する新鮮《しんせん》なおどろき。

↓同《おな》じくクッツキ言葉《ことば》の部分《ぶぶん》から驚《おどろ》きだけではなく、「行《い》ってもいいかな」と思《おも》っているのがわかる。

次《つぎ》の文章《ぶんしょう》にも『お母《かあ》さんは、とにかく私《わたし》が歯医者《はいしゃ》に行《い》ってくれることに安心《あんしん》したのか、』とある。

エ　どうしても歯医者《はいしゃ》に行《い》かせようとするお母《かあ》さんに対《たい》する不信感《ふしんかん》。
↓不信感《ふしんかん》は表現《ひょうげん》されていない。

▼問三《といさん》の解《と》き方《かた》

3番目《ばんめ》の場面《ばめん》におけるセンの気持《きも》ちを問《と》う問題《もんだい》である。まず「場面分《ばめんわ》けの法則《ほうそく》その2　それぞれの場面《ばめん》の気持《きも》ちは、それまでの内容《ないよう》を受《う》ける」に従《したが》って、それまでの流《なが》れをまとめてみよう。

・センがきちんと歯磨《はみが》きをしなかったために虫歯《むしば》となる。
・お母《かあ》さんから一人《ひとり》で歯医者《はいしゃ》に行《い》きなさいと言《い》われ、いやだと答《こた》える。
・いつも行《い》く崎山歯科《さきやましか》はこわくて不愉快《ふゆかい》な所《ところ》だが、ばあちゃんに連《つ》れて行《い》ってもらえないので、一人《ひとり》で行《い》くしかないと思《おも》う。
・お母《かあ》さんが隣町《となりまち》の歯医者《はいしゃ》に連《つ》れて行《い》ってくれると言《い》う。隣町《となりまち》の歯医者《はいしゃ》はパステルカラーの建物《たてもの》なので興味《きょうみ》を抱《いだ》く。

さらに、傍線部内《ぼうせんぶない》にある「ような言葉《ことば》（魔法《まほう》みたいに）」、「クッツキ言葉《ことば》（簡単《かんたん》に）」にも注目《ちゅうもく》しよう。

▼問三《といさん》の解答《かいとう》：ア

パステルカラーの歯医者《はいしゃ》さんなら、これまでの崎山歯科《さきやましか》と違《ちが》って「魔法《まほう》みたいに簡単《かんたん》に」治《なお》してくれるのではないかと期待《きたい》している。

イ　パステルカラーの歯医者《はいしゃ》に行《い》くという母親《ははおや》の提案《ていあん》が、自分《じぶん》に魔法《まほう》をかけたのだと思《おも》っている。

↓「魔法《まほう》のように」という表現《ひょうげん》は母親《ははおや》の行為《こうい》に対《たい》してではなく、隣町《となりまち》の歯医者《はいしゃ》が自分《じぶん》の歯《は》を治《なお》してくれることについての表現《ひょうげん》である。

ウ　母親《ははおや》が車《くるま》で連《つ》れて行《い》ってくれるので、歯医者《はいしゃ》に行《い》くのが楽《たの》しみになっている。

↓歯医者《はいしゃ》に行《い》くことに前向《まえむ》きになったのは、母親《ははおや》が車《くるま》で連《つ》れて行《い》ってくれるからではない。

エ　パステルカラーの歯医者《はいしゃ》に行《い》けるのなら、虫歯《むしば》になってもいいと思《おも》っている。

↓「虫歯《むしば》になってもいい」という気持《きも》ちは読《よ》み取《と》れない。

問題《もんだい》3 ▼ 解答《かいとう》

▼スケモンを使《つか》って本文《ほんぶん》を読《よ》んでみよう。

ラッキー。三丁目《さんちょうめ》の少年《しょうねん》は、エレベータを降《お》りると、❶こっそり微笑《ほほえ》みを浮《う》かべた。

ビルのエントランスホールにエツコがいる。❷まいっちゃったなあ、という様子《ようす》で外《そと》を見《み》ている。外《そと》は雨《あめ》だ。雷交《かみなりま》じりのどしゃ降《ぶ》り——ビルの前《まえ》を行《い》き交《か》う車《くるま》は、まるで川《かわ》の中《なか》を突《つ》っ切《き》っている❸みたいに路面《ろめん》の水《みず》を撥《は》ね上《あ》げている。

少年《しょうねん》とエツコは同級生《どうきゅうせい》だった。二人《ふたり》とも虫歯《むしば》の治療《ちりょう》でビルの中《なか》にある歯科《しか》クリニックに通《かよ》っている。いつもはクリニックで出《で》くわすことはなかったが、今日《きょう》はたまたま入れ違《ちが》いで予約《よやく》をとっていた。クリニックのロビーでエツコとすれ違《ちが》ったときも、ラッキー、と思《おも》った。「うっす」「そっちも虫歯《むしば》？」「悪《わる》いかよ」「べつに」——ほんのそれだけの会話《かいわ》でも、今日《きょう》はサイコーだと満足《まんぞく》していた。

しかも、五分《ごふん》足《た》らずの短《みじか》い治療《ちりょう》の間《あいだ》に雨《あめ》が降《ふ》りはじめた。会計《かいけい》で支払《しはら》いを終《お》えてエレベータに乗《の》るとき、もしかしたら、と期待《きたい》した。みごとに当《あ》たった。ラッキーが二倍《にばい》。傘《かさ》を持《も》っていなかったエツコは、外《そと》に出《で》られずに、一人《ひとり》で雨《あめ》やどりをしていたのだ。

❶❷クッツキ言葉《ことば》

クッツーキ

❸ような言葉《ことば》（状況《じょうきょう》を説明《せつめい》している）

ヒユ・ヨーナ

少年《しょうねん》は折《お》り畳《たた》み傘《かさ》をバッグに入《い》れている。「夕立《ゆうだち》が降《ふ》るって天気予報《てんきよほう》で言《い》ってたよ」と出《で》がけにお母《かあ》さんに傘《かさ》を渡《わた》され、❹めんどうくさいなあ、と思《おも》いながらもバッグに放《ほう》り込《こ》んだ。それが大正解《だいせいかい》だった。

エツコはまだ少年《しょうねん》に気《き》づいていない。少年《しょうねん》も❺エレベータの前《まえ》にたたずんだまま、作戦《さくせん》を考《かんが》えた。

「一緒《いっしょ》に帰《かえ》ろうぜ」と傘《かさ》に入《い》れてやる――それはちょっと無理《むり》だ、いくらなんでも。だいいち、相合《あいあ》い傘《がさ》なんてオトコらしくない。

オトコらしくするのなら、答《こた》えは一《ひと》つしかなかった。

「貸《か》してやるよ、これ」――傘《かさ》をエツコに差《さ》し出《だ》して、❻そのまま自分《じぶん》は外《そと》に駆《か》けだして、雨《あめ》の中《なか》を❼ダッシュして帰《かえ》る。いい。すごくいい。お母《かあ》さんには傘《かさ》をなくしたと言《い》えばいい。たとえ叱《しか》られても、言《い》い訳《わけ》なし。そういうところがオトコらしさなのだ。明日《あした》の朝《あさ》、学校《がっこう》でエツコから「ありがとう」の一言《ひとこと》とともに傘《かさ》を返《かえ》してもらえば、クラスのヤツらはびっくりするだろうし、なにがあったのか訊《き》いてくるヤツもいるだろうし、「アツーい、アツーい」と冷《ひ》やかすヤツもいるだろうし……そういうのをぜんぶひっくるめて、とにかく、すごくいい。

あとは、いつ、どんなふうにエツコに声《こえ》をかけるか。そこが問題《もんだい》だ。顔《かお》が赤《あか》くなったらサイテーだし、声《こえ》が震《ふる》えてしまったら、もっとサイテーだ。❽とりあえず傘《かさ》をバッグから出《だ》して、❾ぎゅっと握《にぎ》りしめて、落《お》ち着《つ》け落《お》ち着《つ》け、

❹❺❻❼❽❾クッツキ言葉《ことば》

クッツーキ

と自分《じぶん》に言《い》い聞《き》かせていたら、雷《かみなり》がまた鳴《な》った。玄関《げんかん》のガラスがビリビリッと震《ふる》えた。エツコは「きゃっ!」と⑩短《みじか》く叫《さけ》んで、⑪身《み》を縮《ちぢ》めながら外《そと》に背《せ》を向《む》けた。

目《め》が合《あ》った。泣《な》きだしそうな顔《かお》をしたエツコは、学校《がっこう》で会《あ》うときよりも幼《おさな》く見《み》えた。

雨《あめ》が降《ふ》る。雷《かみなり》の音《おと》は少《すこ》しずつ遠《とお》ざかっていたが、雨脚《あまあし》はあいかわらず強《つよ》い。気象庁《きしょうちょう》の梅雨明《つゆあ》け宣言《せんげん》を追《お》い抜《ぬ》いて、季節《きせつ》が変《か》わる。街角《まちかど》に咲《さ》くアジサイの花《はな》を散《ち》らすこの雨《あめ》は、夏《なつ》の夕立《ゆうだち》だ。

一丁目《いっちょうめ》の少年《しょうねん》は⑫クリームソーダをストローで飲《の》みながら、色《いろ》のついた窓《まど》ガラス越《ご》しに外《そと》の通《とお》りを見《み》ていた。駅行《えきゆ》きのバスが、いま、喫茶店《きっさてん》の前《まえ》を走《はし》り抜《ぬ》けていった。結局《けっきょく》バスを二本《にほん》やり過《す》ごしたことになる。

⑬顔《かお》を外《そと》に向《む》けたまま、横目《よこめ》でおばあちゃんの様子《ようす》をうかがった。おばあちゃんは、あんみつの豆《まめ》を⑭一《ひと》つずつスプーンですくって食《た》べている。バスに乗《の》れずにふてくされている⑮ようにも見《み》えるし、ただあんみつを食《た》べるのに夢中《むちゅう》になっているだけの⑯ようにも見《み》える。

甘《あま》いものは、おばあちゃんもお母《かあ》さんも大好《だいす》きだ。でも、おばあちゃんは和菓子《わがし》のあんこが好《す》きで、お母《かあ》さんはゼリーやババロアのような洋菓子《ようがし》が好《す》き――二人《ふたり》のケンカは、あんがいそういうところに原因《げんいん》があるのかもしれない、と

⑩⑪⑫⑬⑭クッツキ言葉《ことば》

クッツーキ

⑮⑯ような言葉《ことば》（気持《きも》ちを説明《せつめい》している）

ヒュ・ヨーナ

⑰ような言葉《ことば》（状況《じょうきょう》を説明《せつめい》している）

ヒュ・ヨーナ

少年《しょうねん》は思《おも》う。

（中略《ちゅうりゃく》）

雨《あめ》は降《ふ》り出《だ》したときと同《おな》じ⑰ように、小降《こぶ》りになってきたと思《おも》う間《ま》もなくあがった。

三丁目《さんちょうめ》の少年《しょうねん》は折《お》り畳《たた》み傘《かさ》をバッグにしまった。「いらなーい」——エツコに言《い》われた言葉《ことば》が、まだ耳《みみ》の奥《おく》に残《のこ》っている。傘《かさ》を差《さ》し出《だ》すと、「お母《かあ》さんが迎《むか》えに来《き》てくれるから」の一言《ひとこと》であっさり断《ことわ》られた。実際《じっさい》、エントランスの外《そと》から車《くるま》のクラクションが聞《き》こえたところだった。

「じゃあね、バイバイ」

エツコは⑱軽《かる》く手《て》を振《ふ》って外《そと》に出《で》て、それですべてが終《お》わった。「一緒《いっしょ》に乗《の》って帰《かえ》る？」と誘《さそ》ってもくれなかった。傘《かさ》を貸《か》せなかったことよりも、そっちのほうが最初《さいしょ》はショックだった。でも、こっちは傘《かさ》を持《も》っているのだから誘《さそ》うわけがない。理屈《りくつ》の筋道《すじみち》を通《とお》して少《すこ》しだけ立《た》ち直《なお》り、誘《さそ》われても⑲どうせ乗《の》らなかったし、とつづけて、なっ、なっ、⑳そうだよな、と自分《じぶん》に確《たし》かめた。あったりまえじゃん。㉑力強《ちからづよ》く答《こた》えた——つもりだ。

㉒しょんぼりとうつむいて、ロビーを抜《ぬ》けて、自動《じどう》ドアのエントランスをくぐって外《そと》に出《で》た。

㉓ビルのひさしから雨《あま》だれが落《お》ちていた。雲《くも》の切《き》れ間《ま》から陽《ひ》が射《さ》して、濡《ぬ》れた路面《ろめん》がきらきら光《ひか》る。埃《ほこり》を洗《あら》い流《なが》された街並《まちな》みは輪郭《りんかく》がくっきりとして、街《がい》

⑱⑲㉑㉒クッツキ言葉《ことば》

クッツーキ

⑳傍線部内《ぼうせんぶない》の指示語《しじご》

シージー

㉓情景描写《じょうけいびょうしゃ》

ジョーケー

『陽《ひ》が射《さ》して』→明《あか》るい情景《じょうけい》
↓明《あか》るい気持《きも》ち
三丁目《さんちょうめ》の少年《しょうねん》が自分《じぶん》を励《はげ》まし、やや立《た》ち直《なお》りつつある気持《きも》ちを表《あらわ》している。自分《じぶん》のショックが薄《うす》らいで少《すこ》し元気《げんき》になったことを、雨《あめ》が上《あ》がって飛《と》び立《た》った鳥《とり》の姿《すがた》に重《かさ》ねている。

路樹《ろじゅ》の緑《みどり》も鮮《あざ》やかになった。ビルとビルの隙間《すきま》の空《そら》を、鳥《とり》がよぎっていった。あの鳥《とり》も、どこかで雨《あま》やどりをしていたのかもしれない。

㉔一丁目《いっちょうめ》の少年《しょうねん》は、喫茶店《きっさてん》を出《で》ると、東《ひがし》の空《そら》に虹《にじ》を見《み》つけた。きれいな色《いろ》や形《かたち》はしていなかったが、青《あお》や赤《あか》の帯《おび》が空《そら》に映《うつ》し出《だ》されている。おばあちゃんも「これで今夜《こんや》は涼《すず》しゅうなるわ」と笑《わら》って、バス停《てい》とは反対側《はんたいがわ》に歩《ある》きだした。

「なあ、トシちゃん」

「……なに？」

「水《みず》ようかん、買《こ》うて帰《かえ》ろうか」

どこに――とは、言《い》わなかった。少年《しょうねん》も訊《き》かない。かわりに、「ぼく、買《か》ってくる」と言《い》った。和菓子屋《わがしや》さんは通《とお》りの先《さき》の交差点《こうさてん》の、もっと先《さき》にある。

おばあちゃんは「ほんなら、交差点《こうさてん》のところまで行《い》って待《ま》っとるけん」と少《しょう》年《ねん》に財布《さいふ》を渡《わた》して、㉕少《すこ》し照《て》れくさそうにつづけた。「夏《なつ》みかんのゼリーも買《こ》うとこうか」

（中略《ちゅうりゃく》）

㉖三丁目《さんちょうめ》の少年《しょうねん》も虹《にじ》を見《み》つけた。空《そら》ではなく、道路《どうろ》に。車《くるま》のオイルが水《みず》たまりに虹色《にじいろ》の膜《まく》をつくっていたのだ。

ズックで、そっと虹《にじ》を踏《ふ》んでみた。きれいな色《いろ》の帯《おび》はゆらゆらと揺《ゆ》れて乱《みだ》れても、色《いろ》そのものは消《き》えない。

㉔情景描写《じょうけいびょうしゃ》

ジョーケー

『虹《にじ》を見《み》つけた』→明《あか》るい情《じょう》景《けい》→明《あか》るい気持《きも》ち

一丁目《いっちょうめ》の少年《しょうねん》に良《よ》いこと（おばあちゃんとお母《かあ》さんの仲直《なかなお》り）が起《お》きることを暗示《あんじ》している。

㉕㉗クッツキ言葉《ことば》

クッツーキ

㉖情景描写《じょうけいびょうしゃ》

ジョーケー

『虹《にじ》を見《み》つけた』→明《あか》るい情《じょう》景《けい》→明《あか》るい気持《きも》ち

㉗ よし、と 少年《しょうねん》は顔《かお》を上《あ》げた。㉘ 夕立《ゆうだち》の名残《なごり》の、ひんやりと湿《しめ》った風《かぜ》が頬《ほお》をかすめた。

水《みず》たまりに映《うつ》った虹《にじ》がゆれたのはショックを受けたことを表《あらわ》し、『乱《みだ》れても、色《いろ》そのものは消《き》えない』からもとの自《じ》分《ぶん》を取《と》り戻《もど》しているのがわかる。

㉘ 情景描写《じょうけいびょうしゃ》　ジョーケー

ジョーケー

『夕立《ゆうだち》の…頬《ほお》をかすめた』→明《あか》るい情景《じょうけい》→明《あか》るい気持《きも》ち
明《あか》るくさわやかな描写《びょうしゃ》で少年《しょうねん》がショックから立《た》ち直《なお》ったことを表《あらわ》している。

▼この文章《ぶんしょう》は場面《ばめん》ごとに1行空《ぎょうあ》けて書《か》かれているので、バメンザエモンは使《つか》わないで、1行空《ぎょうあ》いたところまでを1つの場面《ばめん》と考《かんが》えよう。

本文《ほんぶん》は「一丁目《いっちょうめ》の少年《しょうねん》」と「三丁目《さんちょうめ》の少年《しょうねん》」の2人《ふたり》が登場《とうじょう》し、5つの場面《ばめん》に分《わ》けられる。

・一丁目《いっちょうめ》の少年《しょうねん》の話《はなし》：「2番目《ばんめ》の場面《ばめん》」→「4番目《ばんめ》の場面《ばめん》」

・三丁目《さんちょうめ》の少年《しょうねん》の話《はなし》：「最初《さいしょ》の場面《ばめん》」→「3番目《ばんめ》の場面《ばめん》」→「5番目《ばんめ》の場面《ばめん》」

問一《といいち》の解《と》き方《かた》

傍線部《ぼうせんぶ》①は「3番目《ばんめ》の場面《ばめん》」にあるので、「場面分《ばめんわ》けの法則《ほうそく》その2　それぞれの場面《ばめん》はそれまで内容《ないよう》を受《う》ける」に従《したが》って「最初《さいしょ》の場面《ばめん》」の内容《ないよう》を簡単《かんたん》にまとめてみよう。

「最初《さいしょ》の場面《ばめん》」の内容《ないよう》

三丁目《さんちょうめ》の少年《しょうねん》は傘《かさ》を持《も》っていないエツコの姿《すがた》を見《み》て、傘《かさ》を差《さ》し出《だ》して濡《ぬ》れて帰《かえ》ればオトコらしくていいと思《おも》っている。

「3番目《ばんめ》の場面《ばめん》」の内容《ないよう》

エツコに「いらなーい」と拒否《きょひ》されてからのことが書《か》かれている。

では、設問《せつもん》となっている傍線部《ぼうせんぶ》①から三丁目《さんちょうめ》の少年《しょうねん》の気持《きも》ちを考《かんが》えてみよう。

まず、「そうだよな」の「そう」について、シージーの奥義《おうぎ》を使《つか》って考《かんが》えてみる。

「そうだよな」とは「そうしたよな」ということだから「そう」を「どう」に変《か》えて疑問文《ぎもんぶん》を作《つく》る。

そうしたよな
⬅
どうしたのかな？

三丁目《さんちょうめ》の少年《しょうねん》が「どうした」のかを「そう」の前《まえ》から探《さが》すと、「誘《さそ》われてもどうせ乗《の》らなかった」の部分《ぶぶん》であるとわかる。三丁目《さんちょうめ》の少年《しょうねん》が思《おも》っているのは「（エツコに）誘《さそ》われてもどうせ（車《くるま》に）乗《の》らなかったよな。（乗《の》ってしまえば、雨《あめ》に濡《ぬ》れながら一人《ひとり》で帰《かえ》っていくというオトコらしい姿《すがた》を演《えん》じることができないから）」ということだ。

さらに、つづく文章《ぶんしょう》にあるクッツキ言葉《ことば》に注意《ちゅうい》しよう。

あったりまえじゃん。力強《ちからづよ》く答《こた》えた——つもりだ。
しょんぼりとうつむいて、ロビーを抜《ぬ》けて、自動《じどう》ドアのエントランスをくぐって外《そと》に出《で》た。

「力強《ちからづよ》く」は自信《じしん》を持《も》っている様子《ようす》を表《あらわ》しているが、実際《じっさい》には「しょんぼり」と落《お》ちこんでいる。つまり、「力強《ちからづよ》く答《こた》えた」のは、ショックを受《う》けた自分《じぶん》をなぐさめるために、あえてそう思《おも》い込《こ》もうとしているのだ。それは「力強《ちからづよ》く答《こた》えた——つもりだ」という表現《ひょうげん》でもわかる。

▼問一《といいち》の解答《かいとう》：エ

ア　車《くるま》に乗《の》らない方《ほう》がいいという考《かんが》えが正《ただ》しいと確信《かくしん》している。
↓自分《じぶん》をなぐさめているだけで、確信《かくしん》しているわけではない。

イ　傘《かさ》を貸《か》せなかったけれども、仕方《しかた》がないとあきらめている。
↓「そう」が示《しめ》すのは傘《かさ》を貸《か》せなかったことではないし、あきらめてもいない。

ウ　エツコは優《やさ》しさのない子《こ》だと、自分《じぶん》を納得《なっとく》させようとしている。
↓「そう」が示《しめ》すのはエツコに関《かん》することではない。

問二《といに》の解《と》き方《かた》

おばあちゃんの気持《きも》ちを聞《き》く問題《もんだい》である。それまでの状況《じょうきょう》をまとめてみよう。

傍線部《ぼうせんぶ》②がある「4番目《ばんめ》の場面《ばめん》」は「2番目《ばんめ》の場面《ばめん》」の続《つづ》きとなっているので、「場面分《ばめんわ》けの法則《ほうそく》その2、それぞれの場面《ばめん》はそれまでの内容《ないよう》を受《う》ける」を使《つか》って、「2番目《ばんめ》の場面《ばあい》」の部分《ぶぶん》におけるおばあちゃんの状況《じょうきょう》をまとめてみる。

「2番目《ばんめ》の場面《ばめん》」の内容《ないよう》

・一丁目《いっちょうめ》の少年《しょうねん》と一緒《いっしょ》に、喫茶店《きっさてん》で雨《あめ》がやむのを待《ま》っている。

・おばあちゃんは一丁目《いっちょうめ》の少年《しょうねん》のお母《かあ》さんとケンカしたらしい。
・ケンカの原因《げんいん》は、おばあちゃんが和菓子《わがし》のあんこが好《す》きで、お母《かあ》さんがゼリーやババロアなどの洋菓子《ようがし》が好《す》きなところにあると一丁目《いっちょうめ》の少年《しょうねん》は思《おも》っている。

つづいて「4番目《ばんめ》の場面《ばめん》」におけるおばあちゃんの状況《じょうきょう》をまとめてみる。

「4番目《ばんめ》の場面《ばめん》」の内容《ないよう》

・雨《あめ》が上《あ》がったので、喫茶店《きっさてん》を出《で》て、水《みず》ようかんを買《か》おうとする。
・一丁目《いっちょうめ》の少年《しょうねん》が買《か》ってくるというので、「夏《なつ》みかんのゼリーも買《こ》うとこうか」と言《い》う。

ゼリーが好《す》きなのはおばあちゃんではなく、お母《かあ》さんである。おばあちゃんが自分《じぶん》の好《す》きなものだけではなく、お母《かあ》さんが好《す》きなものを買《か》おうとするのは、お母《かあ》さんと仲《なか》なおりしたいからだと考《かんが》えられる。

これは、おばあちゃんの動作《どうさ》を表《あらわ》すクッツキ言葉《ことば》でもわかる。

おばあちゃんは「ほんなら、交差点《こうさてん》のところまで行《い》って待《ま》っとるけん」と少年《しょうねん》に財布《さいふ》を渡《わた》して、少《すこ》し照《て》れくさそうに つづけた。「夏《なつ》みかんのゼリーも買《こ》うとこうか」

→ケンカした相手《あいて》と仲《なか》なおりしようとする気恥《きは》ずかしさが表現《ひょうげん》されている。

▼問二《といに》の解答《かいとう》

（例《れい》）「お母《かあ》さんと仲《なか》なおりがしたいと思《おも》っている」（19字《じ》）

▼問三《といさん》の解《と》き方《かた》

まず「最初《さいしょ》の場面《ばめん》」→「3番目《ばんめ》の場面《ばめん》」→「5番目《ばんめ》の場面《ばめん》」の順《じゅん》で話《はなし》が展開《てんかい》しているので、「場面分《ばめんわ》けの法則《ほうそく》その2」に従《したが》って「最初《さいしょ》の場面《ばめん》」→「3番目《ばんめ》の場面《ばめん》」までの流《なが》れを整理《せいり》しておこう。

「最初《さいしょ》の場面《ばめん》」→「3番目《ばんめ》の場面《ばめん》」までの流《なが》れ

「三丁目《さんちょうめ》の少年《しょうねん》は、エツコにオトコらしいところを見《み》せようとしたが、思《おも》うようにならずショックを受《う》けたので、懸命《けんめい》に自分《じぶん》をはげまし立《た》ち直《なお》ろうとしている」

続《つづ》いて、「5番目《ばんめ》の場面《ばめん》」における少年《しょうねん》の気持《きも》ちを考《かんが》えてみよう。

少年《しょうねん》がよし、と顔《かお》を上《あ》げる前《まえ》に見《み》たものは、次《つぎ》のように表現《ひょうげん》されている。「ズックで、そっと虹《にじ》を踏《ふ》んでみた。きれいな色《いろ》の帯《おび》はゆらゆらと揺《ゆ》れて乱《みだ》れても、色《いろ》そのものは消《き》えない」。つまり、油《あぶら》の虹《にじ》が消《き》えないことを見《み》て、「よし」と納得《なっとく》したのだ。

さらに、ジョーケーの教《おし》えた「情景描写《じょうけいびょうしゃ》は登場人物《とうじょうじんぶつ》の気持《きも》ちを表《あらわ》している」を使《つか》えば、虹《にじ》が乱《みだ》れて、もとに戻《もど》ったのは三丁目《さんちょうめ》の少年《しょうねん》の気持《きも》ちを表《あらわ》していることがわかる。「ズックに踏《ふ》まれて虹《にじ》が乱《みだ》れた」のはショックを受《う》けたこと、「色《いろ》そのものは消《き》えない」はショックから立《た》ち直《なお》り、もとの自分《じぶん》を取《と》り戻《もど》したことを象徴《しょうちょう》的《てき》に表現《ひょうげん》していると考《かんが》えられる。

最後《さいご》の「夕立《ゆうだち》の名残《なごり》の、ひんやりと湿《しめ》った風《かぜ》が頬《ほお》をかすめた」という明《あか》るくさわやかな描写《びょうしゃ》からも、ショックから立《た》ち直《なお》ったことがわかる。

▼問三《といさん》の解答《かいとう》：ア

イ　エツコのことはもう相手《あいて》にするまいと自分《じぶん》をなぐさめている。

↓明《あか》るい情景描写《じょうけいびょうしゃ》から「自分《じぶん》をなぐさめる」という内向《うちむ》きの気持《きも》ちは読《よ》み取《と》れない。

ウ　今回《こんかい》の出来事《できごと》もいい思《おも》い出《で》になるだろうと納得《なっとく》している。

↓「いい思《おも》い出《で》になるだろう」という表現《ひょうげん》はない。

エ　エツコに今回《こんかい》の仕返《しかえ》しをしてやろうと決意《けつい》している。

↓明《あか》るい情景描写《じょうけいびょうしゃ》から「仕返《しかえ》しをする」という悪意《あくい》のこもった気持《きも》ちは読《よ》み取《と》れない。

問題《もんだい》4 ▼ 解答《かいとう》

▼スケモンを使《つか》って本文《ほんぶん》を読んでみよう。

五年生《ごねんせい》になった新学期《しんがっき》の最初《さいしょ》の日《ひ》、教師《きょうし》が一人《ひとり》の新入生《しんにゅうせい》を教室《きょうしつ》に連《つ》れてきた。首《くび》に白《しろ》い繃帯《ほうたい》をまき眼鏡《めがね》をかけた小《ちい》さな子《こ》だった。教壇《きょうだん》の横《よこ》で彼《かれ》は女《おんな》の子《こ》の❶ように 眼《め》を伏《ふ》せて床《ゆか》の一点《いってん》をみつめていた。

「みんな」黄《き》ばんだスポーツ・パンツをはいたその若《わか》い教師《きょうし》は❷腰《こし》に手《て》をあてて大声《おおごえ》で 叫《さけ》んだ。

「東京《とうきょう》から転校《てんこう》してきた友《とも》だちや。仲良《なかよ》うせな、あかんぜ」

それから彼《かれ》は黒板《こくばん》に白墨《はくぼく》で若林稔《わかばやしみのる》という名《な》を書《か》いた。

「アキラよ、この子《こ》の名《な》、読《よ》めるか」

教室《きょうしつ》はすこし、ざわめいた。中《なか》にはぼくの方《ほう》を❸そっと 振《ふ》りかえる者《もの》もいる。その若林《わかばやし》という子《こ》がぼくと同《おな》じ❹ように 髪《かみ》の毛《け》を長《なが》く伸《の》ばしていたからである。ぼくといえば、多少《たしょう》、敵意《てきい》とも嫉妬《しっと》ともつかぬ感情《かんじょう》で、その首《くび》に白《しろ》い繃帯《ほうたい》をまいた子供《こども》を眺《なが》めていた。❺鼻《はな》にずり落《お》ちた眼鏡《めがね》を指《ゆび》であげながら、彼《かれ》はこちらを❻チラッと 盗《ぬす》み見《み》ては眼《め》を伏《ふ》せた。

「みんな、夏休《なつやす》みの作文《さくぶん》、書《か》いてきたやろ」教師《きょうし》は言《い》った。「若林《わかばやし》クンはあの

❶ような言葉《ことば》（状況《じょうきょう》と気持《きも》ちを説明《せつめい》している）

ヒユ・ヨーナ

いずれの要素《ようそ》も入《はい》っているが P36のルールに従《したが》えば、「女《おんな》の子《こ》→内気《うちき》」という作品発表《さくひんはっぴょう》当時《とうじ》の既成概念《きせいがいねん》による気持《きも》ちを説明《せつめい》したパターンになる。

❷❸❺❻クッツキ言葉《ことば》

クッツーキ

❹ような言葉《ことば》（状況《じょうきょう》を説明《せつめい》している）

ヒユ・ヨーナ

席《せき》に座《すわ》って聞《き》きなさい。まず、戸田《とだ》クン、読《よ》んでみろや」

新入生《しんにゅうせい》のことを教師《きょうし》が若林《わかばやし》クンと呼《よ》んだことが、ぼくの自尊心《じそんしん》を傷《きず》つけた。この組《くみ》で君《くん》をつけて呼《よ》ばれるのは今日《きょう》までぼくが一人《ひとり》だけの特権《とっけん》だったからである。

❼命《めい》ぜられるままに、たち上《あが》って作文《さくぶん》を読《よ》みはじめた。何時《いつ》もなら、この時間《じかん》はぼくにとって楽《たの》しいものなのだ。自分《じぶん》の書《か》いたものを模範作文《もはんさくぶん》として皆《みな》に朗読《ろうどく》することは大《おお》いに虚栄心《きょえいしん》を充《み》たしてくれたのだが、この日《ひ》は読《よ》みながら、心《こころ》は落《お》ちつかなかった。斜《なな》め横《よこ》の椅子《いす》に腰《こし》をおろした新入生《しんにゅうせい》の眼鏡《めがね》が気《き》になったのである。彼《かれ》は東京《とうきょう》の小学校《しょうがっこう》から来《き》ている。髪《かみ》の毛《け》を伸《の》ばし、白《しろ》い襟《えり》のでたシャれた洋服《ようふく》を着《き》ている。（負《ま》けんぞ）ぼくは心《こころ》の中《なか》で呟《つぶや》いた。

作文《さくぶん》の時《とき》、ぼくはいつも一《いち》、二《に》ヵ所《しょ》のサワリを作《つく》っておく。サワリとは師範《しはん》出《で》の若《わか》い教師《きょうし》が悦《よろこ》びそうな場面《ばめん》である。別《べつ》に意識《いしき》して書《か》いたのではないが、鈴《すず》木三重吉《きみえきち》の「赤《あか》い鳥《とり》」文集《ぶんしゅう》を生徒《せいと》に読《よ》みきかせるこの青年教師《せいねんきょうし》から賞《ほ》められるために、純真《じゅんしん》さ、少年《しょうねん》らしい感情《かんじょう》を感《かん》じさせる場面《ばめん》を織《お》りこんでおいたのだ。「夏休《なつやす》みのある日《ひ》、木村君《きむらくん》が病気《びょうき》だと聞《き》いたので、❽さっそく見《み》まいに行《い》こうと考《かんが》えた」とその日《ひ》もぼくは皆《みな》の前《まえ》で朗読《ろうどく》した。

これは本当《ほんとう》だった。けれどもそれに続《つづ》くあとの部分《ぶぶん》で、例《れい》によってぼくはありもしない場面《ばめん》を作《つく》りあげていた。病気《びょうき》の木村君《きむらくん》のため、苦心《くしん》して採集《さいしゅう》した蝶《ちょう》の標本箱《ひょうほんばこ》を持《も》っていこうとする。ネギ畠《ばたけ》の中《なか》を歩《ある》きながら、突然《とつぜん》、それをやる

❼❽クッツキ言葉《ことば》

クッツーキ

ことが惜《お》しくなる。幾度《いくど》も家《いえ》に戻《もど》ろうとするが、❾やっぱり 木村君《きむらくん》の家《いえ》まで来《き》てしまう。そして彼《かれ》の悦《よろこ》んだ顔《かお》を見《み》てホッとする……

「よおし」ぼくが読《よ》み終《お》わった時《とき》、教師《きょうし》はいかにも満足《まんぞく》した❿ように 組中《くみじゅう》の子《こ》供《ども》を見《み》まわした。「戸田《とだ》クンの作文《さくぶん》のどこがええか、わかるか。わかった者《もの》は手《て》をあげよ」

二《に》、三人《さんにん》の子供《こども》が⓫自信《じしん》なげに 手《て》をあげた。ぼくには彼等《かれら》の答《こた》えも、教師《きょうし》の言《い》いたいこともほぼ見当《けんとう》がついていた。木村《きむら》マサルという子《こ》に標本箱《ひょうほんばこ》を持《も》っていってやったのは本当《ほんとう》である。だが、それは彼《かれ》の病気《びょうき》に同情《どうじょう》したためではない。キリギリスの鳴《な》きたてる畠《はたけ》を歩《ある》いたことも事実《じじつ》である。だが、これをくれてやることが惜《お》しいとは思《おも》いもしなかった。なぜならぼくは三《みっ》つほど、そんな標本箱《ひょうほんばこ》を父《ちち》から買《か》い与《あた》えられていたからだ。木村《きむら》が悦《よろこ》んだことは言《い》うまでもない。だが、あの時《とき》、ぼくが感《かん》じたのは彼《かれ》の百姓家《ひゃくしょうや》のきたなさと優越感《ゆうえつかん》とだけであった。

「アキラ。答《こた》えてみろや」

「戸田《とだ》クンがマサルに標本箱《ひょうほんばこ》……大切《たいせつ》な標本箱《ひょうほんばこ》、やりはったのが偉《えら》いと思《おも》います」

「それは、まあ、そやけれど、この作文《さくぶん》の、ええ所《ところ》は」教師《きょうし》は白墨《はくぼく》をとると黒《こく》板《ばん》に——良心的《りょうしんてき》——という三文字《さんもじ》を書《か》きつけた。「ネギ畠《ばたけ》を歩《ある》きながら標本箱《ひょうほんばこ》やるのが惜《お》しゅうなった気持《きもち》をありのままに書《か》いているやろ。みなの作文《さくぶん》には

❾⓫⓮⓯⓰⓲クッツキ言葉《ことば》

クッツーキ

❿ような言葉《ことば》（気持《きも》ちを説明《せつめい》している）

ヒユ・ヨーナ

⓬情景描写《じょうけいびょうしゃ》

ジョーケー

『女《おん》の子《こ》たちが唱歌《しょうか》を歌《うた》っている』明《あか》るい情景《じょうけい》→明《あか》るい気《き》持《も》ち

「女《おん》の子《こ》たちの唱歌《しょうか》→明《あか》るいきれいな歌声《うたごえ》」がイメージされ、先生《せんせい》にほめられて得意《とくい》になった気持《きも》ちやうれしさが表《ひょう》現《げん》されている。

時々《ときどき》、ウソがある。しかし戸田《とだ》クンは本当《ほんとう》の気持《きもち》を正直《しょうじき》に書《か》いている。良心的《りょうしんてき》だナ」

ぼくは黒板《こくばん》に教師《きょうし》が大書《たいしょ》した良心的《りょうしんてき》という三文字《さんもじ》を眺《なが》めた。⑫どこかの教室《きょうしつ》でかすれたオルガンの音《おと》がきこえる。女《おんな》の子《こ》たちが唱歌《しょうか》を歌《うた》っている。別《べつ》にウソをついたとも仲間《なかま》や教師《きょうし》をダマしたとも思《おも》わなかった。今日《きょう》まで学校《がっこう》でも家《か》庭《てい》でもそうだったのだし、⑬そうすることによってぼくは優等生《ゆうとうせい》であり善《よ》い子《こ》だったのである。

ななめ横《よこ》を⑭そっと振《ふ》りむくと、あの髪《かみ》の毛《け》を伸《の》ばした新入生《しんにゅうせい》が⑮鼻《はな》に眼鏡《めがね》を少《すこ》しずり落《お》して黒板《こくばん》を⑯じっと見詰《みつ》めていた。ぼくの視線《しせん》に気《き》づいたのか、彼《かれ》は首《くび》にまいた白《しろ》い繃帯《ほうたい》をねじる⑰ようにしてこちらに顔《かお》をむけた。二人《ふたり》は⑱そのまましばらくの間《あいだ》、たがいの顔《かお》を探《さぐ》る⑲ように窺《うかが》いあっていた。と、彼《かれ》の⑳頰《ほお》がかすかに赤《あか》らみ、㉑うすい笑《わら》いが唇《くちびる》にうかんだ。（みんなは瞞《だま》されてもネ、僕《ぼく》は知《し》っているよ）その微笑《びしょう》はまるでそう言《い》っているようだった。（ネギ畠《ばたけ》を歩《ある》いたことも、標本箱《ひょうほんばこ》が惜《お》しくなったことも皆《みな》、ウソだろ。うまくやってきたね。だが大人《おとな》を瞞《だま》せても東京《とうきょう》の子供《こども》は瞞《だま》されないよ）

ぼくは視線《しせん》をそらし、㉒耳《みみ》まで赤《あか》い血《ち》がのぼるのを感《かん》じた。㉓オルガンの音《おと》がやみ、女《おんな》の子《こ》たちの声《こえ》も聞《き》こえなくなった。黒板《こくばん》の字《じ》が震《ふる》え動《うご》いている㉔ような気《き》がした。

それからぼくの自信《じしん》は少《すこ》しずつ崩《くず》れはじめた。教室《きょうしつ》でも校庭《こうてい》でもこの若林《わかばやし》と

⑬傍線部内《ぼうせんぶない》の指示語《しじご》

シージー

⑰ような言葉《ことば》（状況《じょうきょう》を説明《せつめい》している）

ヒユ・ヨーナ

⑲㉔ような言葉《ことば》（気持《きも》ちを説《せつ》明《めい》している）

ヒユ・ヨーナ

⑳㉑㉒カラダ言葉《ことば》

ミス☆カラダン

本書《ほんしょ》で取《と》り上《あ》げた慣用句《かんようく》としてのカラダ言葉《ことば》ではないが、体《からだ》を使《つか》った表現方法《ひょうげんほうほう》の1つ。

いう子《こ》がそばにいる限《かぎ》り、何《なに》かうしろめたい屈辱感《くつじょくかん》に似《に》たものを感《かん》じるのである。勿論《もちろん》、そのために成績《せいせき》が落《お》ちるということはなかったが、教師《きょうし》から皆《みな》の前《まえ》でホメられた時《とき》、図画《ずが》や書《か》き方《かた》が壁《かべ》にはられた時《とき》、組《くみ》の自治会《じちかい》で仲間《なかま》から委員《いいん》にまつり上《あ》げられた時《とき》、ぼくは彼《かれ》の眼《め》を㉕ひそかに盗《ぬす》み見《み》てしまう。

㉓情景描写《じょうけいびょうしゃ》

ジョーケー

『女《おんな》の子《こ》たちの声《こえ》も聞《き》こえなくなった』『黒板《こくばん》の字《じ》が震《ふる》え動《うご》いている』→暗《くら》い情景《じょうけい》→暗《くら》い気持《きも》ち
若林《わかばやし》にウソを見破《みやぶ》られたかもしれないというショックや屈《くっ》辱《じょく》が表《あらわ》されている。

㉕クッツキ言葉《ことば》

クッツーキ

▼まずバメンザエモンを使《つか》って、全体《ぜんたい》を「新学期《しんがっき》の最初《さいしょ》の日《ひ》」と「最初《さいしょ》の日以降《ひいこう》」の2つの場面《ばめん》に分《わ》けよう。

バメンザエモン

★最初《さいしょ》の場面《ばめん》（新学期《しんがっき》の最初《さいしょ》の日《ひ》）
五年生《ごねんせい》になった新学期《しんがっき》の最初《さいしょ》の日《ひ》、教師《きょうし》が一人《ひとり》の新入生《しんにゅうせい》を教室《きょうしつ》に連《つ》れてきた。（省略《しょうりゃく》）オルガンの音《おと》がやみ、女《おんな》の子《こ》たちの声《こえ》も聞《き》こえなくなった。黒板《こくばん》の字《じ》が震《ふる》え動《うご》いているような気《き》がした。

★2番目《ばんめ》の場面《ばめん》（最初《さいしょ》の日以降《ひいこう》）→時間《じかん》が変化《へんか》している（P265の最終行《さいしゅうぎょう》）
それからぼくの自信《じしん》は少《すこ》しずつ崩《くず》れはじめた。（省略《しょうりゃく》）もちろん、そのために成績《せいせき》が落《お》ちるということはなかったが、教師《きょうし》から皆《みな》の前《まえ》でホメられた時《とき》、図画《ずが》や書《か》き方《かた》が壁《かべ》にはられた時《とき》、組《くみ》の自治会《じちかい》で仲間《なかま》から委員《いいん》にまつり上《あ》げられた時《とき》、ぼくは彼《かれ》の眼《め》をひそかに盗《ぬす》み見《み》てしまう。

問一《といいち》の解《と》き方《かた》

「気持《きも》ち」の理由《りゆう》を聞《き》いているので、きっかけ探《さが》しの法則《ほうそく》「気持《きも》ちのきっかけは状況《じょうきょう》」を使《つか》って、この場面《ばめん》の状況《じょうきょう》をまとめてみよう。

・東京《とうきょう》からやってきた新入生《しんにゅうせい》は、「ぼく」と同《おな》じように長《なが》く髪《かみ》を伸《の》ばしていたので、敵意《てきい》とも嫉妬《しっと》ともつか

キッカーケ

ぬ感情《かんじょう》を抱《いだ》く。
→髪《かみ》を長《なが》く伸《の》ばしていたのは優等生《ゆうとうせい》の「ぼく」一人《ひとり》であり、「ぼく」と同《おな》じような存在《そんざい》が現《あらわ》れたことに敵《てき》意《い》を抱《いだ》き、新入生《しんにゅうせい》が東京《とうきょう》から来《き》たこと（都会《とかい》の人間《にんげん》であること）や、長髪《ちょうはつ》が許《ゆる》されていることに嫉妬《しっと》する。

・教師《きょうし》が新入生《しんにゅうせい》のことを君《くん》づけで呼《よ》んだので、自尊心《じそんしん》が傷《きず》つけられる。
→教師《きょうし》から君《くん》をつけて呼《よ》ばれるのは「ぼく」だけの特権《とっけん》であり、その特権《とっけん》が奪《うば》われたような気《き》になっている。また、教師《きょうし》が君《くん》をつけて呼《よ》ぶからには、新入生《しんにゅうせい》は優秀《ゆうしゅう》であろうと思《おも》っている。

・自分《じぶん》の作文《さくぶん》を朗読《ろうどく》するのは虚栄心《きょえいしん》を充《み》たしてくれるものだったが、作文《さくぶん》を読《よ》み始《はじ》めると、新入生《しんにゅうせい》の眼《め》が気《き》になる。
→優秀《ゆうしゅう》だと思《おも》われる新入生《しんにゅうせい》が、自分《じぶん》をどう思《おも》うのか気《き》にしている。

・「まけんぞ」ぼくは心《こころ》の中《なか》でつぶやく。
→新入生《しんにゅうせい》に対抗心《たいこうしん》を燃《も》やしている。

つまり、「ぼく」は優等生《ゆうとうせい》として作文《さくぶん》を読《よ》むことで虚栄心《きょえいしん》を充《み》たしていたが、この時《とき》は自分《じぶん》と同等《どうとう》かそれ以上《いじょう》に優秀《ゆうしゅう》だと思《おも》われる新入生《しんにゅうせい》を気《き》にして、負《ま》けまいとしているのだ。

▼問一《といいち》の解答《かいとう》：イ

ア　髪《かみ》の毛《け》を長《なが》く伸《の》ばし、白《しろ》い襟《えり》のシャれた洋服《ようふく》を着《き》て、女《おんな》の子《こ》のようだったから。
→女《おんな》の子《こ》のようだから落《お》ちつかなかったわけではない。

ウ　「ぼく」と同《おな》じように髪《かみ》の毛《け》を長《なが》く伸《の》ばしていたので、対抗心《たいこうしん》を抱《いだ》いたから。
→対抗心《たいこうしん》を抱《いだ》いたのは髪《かみ》を長《なが》く伸《の》ばしているからではない。

エ　新入生《しんにゅうせい》が「ぼく」の特権《とっけん》である「君《くん》」づけで呼《よ》ばれたので、屈辱《くつじょく》を感《かん》じたから。
→屈辱《くつじょく》を感《かん》じたのは確《たし》かだが、「心《こころ》が落《お》ちつかなかった」には結《むす》びつかない。

問二《といに》の解《と》き方《かた》

教師《きょうし》が「ぼく」の作文《さくぶん》に満足《まんぞく》した理由《りゆう》を聞《き》いているので、きっかけ探《さが》しの法則《ほうそく》「気持《きも》ちのきっかけは状況《じょうきょう》」から、「ぼく」の作文《さくぶん》にどのようなことが書《か》かれていたのかをまとめてみる。

キッカーケ

- **作文《さくぶん》の時《とき》、ぼくはいつも一《いち》、二《に》ヵ所《しょ》のサワリを作《つく》っておく。サワリとは師範出《しはんで》の若《わか》い教師《きょうし》が悦《よろこ》びそうな場面《ばめん》である。**
- **鈴木三重吉《すずきみえきち》の「赤《あか》い鳥《とり》」文集《ぶんしゅう》を生徒《せいと》に読《よ》みきかせるこの青年教師《せいねんきょうし》から賞《ほ》められるために、純真《じゅんしん》さ、少《しょう》**

年《ねん》らしい感情《かんじょう》を感《かん》じさせる場面《ばめん》を織《お》りこんでおいたのだ。

・それに続《つづ》くあとの部分《ぶぶん》で、例《れい》によってぼくはありもしない場面《ばめん》を作《つく》りあげていた。

こういう「状況《じょうきょう》」の結果《けっか》、「戸田《とだ》クンは本当《ほんとう》の気持《きも》ちを正直《しょうじき》に書《か》いている。良心的《りょうしんてき》だナ」と教師《きょうし》は満足《まんぞく》したのだ。

▼問二《といに》の解答《かいとう》

（例《れい》）本当《ほんとう》の気《き》持《も》ちを正直《しょうじき》に書《か》いており、良心的《りょうしんてき》だと思《おも》ったから。（27字《じ》）

「なぜ」という問《と》いなので、文末《ぶんまつ》を「〜から」にするのを忘《わす》れないようにしよう。

▼問三《といさん》の解《と》き方《かた》

「そうすることによって」と指示語《しじご》があるので、シージーの奥義《おうぎ》に従《したが》って「そう」の示《しめ》す内容《ないよう》を考《かんが》えよう。

まず「そう」を「どう」に変《か》えて疑問文《ぎもんぶん》を作《つく》る。

そうすることによってぼくは優等生《ゆうとうせい》であり善《よ》い子《こ》だったのである

⬅

どうすることによってぼくは優等生《ゆうとうせい》であり善《よ》い子《こ》だったの？

その答《こた》えは、問二《といに》で抜《ぬ》き出《だ》した「作文《さくぶん》の時《とき》、ぼくはいつも一《いち》、二《に》ヵ所《しょ》のサワリを作《つく》っておく。サワリとは師範出《しはんで》の若《わか》い教師《きょうし》が悦《よろこ》びそうな場面《ばめん》である」や「青年教師《せいねんきょうし》から賞《ほ》められるために、純真《じゅんしん》さ、少年《しょうねん》らしい感情《かんじょう》を感《かん》じさせる場面《ばめん》を織《お》りこんでおいたのだ」などを示《しめ》している。つまり、ぼくは教師《きょうし》の望《のぞ》むことを読《よ》み取《と》り、その通《とお》りに行動《こうどう》してきたのである。

▼**問三《といさん》の解答《かいとう》：エ**

教師《きょうし》に気《き》に入《い》られるように、ウソを交《まじ》えた作文《さくぶん》を書《か》いたことによって、ぼくは優等生《ゆうとうせい》であり善《よ》い子《こ》だったのである。

ア　子供《こども》らしくウソをつかず、いつも純真《じゅんしん》な心《こころ》を持《も》った人物《じんぶつ》。
↓これは教師《きょうし》から見《み》た優等生《ゆうとうせい》であり、「ぼく」が目指《めざ》したことではない。

イ　他《ほか》の子供《こども》たちよりも常《つね》に優位《ゆうい》に立《た》って、教師《きょうし》に認《みと》められる人物《じんぶつ》。
↓「教師《きょうし》の望《のぞ》むことを読《よ》み取《と》る」という説明《せつめい》がない。

ウ　自分《じぶん》の行動《こうどう》に自信《じしん》を持《も》ち、いつも模範的《もはんてき》な行動《こうどう》をする人物《じんぶつ》。
↓「自信《じしん》を持《も》つ」という記述《きじゅつ》はない。

▼問四《といよん》の解《と》き方《かた》

まず、場面分《ばめんわ》けの法則《ほうそく》2「それぞれの場面《ばめん》はそれまでの内容《ないよう》を受《う》ける」に従《したが》って、最初《さいしょ》の場面《ばめん》を簡単《かんたん》にまとめてみよう。

・「ぼく」は教師《きょうし》の望《のぞ》むことを読《よ》み取《と》り、その通《とお》りに行動《こうどう》して優等生《ゆうとうせい》の地位《ちい》を保《たも》っていた。
・しかし、東京《とうきょう》から転校《てんこう》してきた若林《わかばやし》という子《こ》によって、それが見抜《みぬ》かれたのではないかと思《おも》う。

つづいて、傍線部《ぼうせんぶ》④のような「行動《こうどう》」になった理由《りゆう》を聞《き》いているので、きっかけ探《さが》しの法則《ほうそく》「行動《こうどう》のきっかけは気持《きも》ち」に従《したが》って、この場面《ばめん》の気持《きも》ちを読《よ》み取《と》ってみよう。

P265の最終行《さいしゅうぎょう》には、「自信《じしん》は少《すこ》しずつ崩《くず》れはじめた」「この若林《わかばやし》という子《こ》がそばにいる限《かぎ》り、何《なに》かうしろめたい屈辱感《くつじょくかん》に似《に》たものを感《かん》じる」とある。

「自信《じしん》が崩《くず》れた」のは、若林《わかばやし》という子《こ》はだませないと思《おも》ったからである。

「うしろめたい屈辱感《くつじょくかん》」とは、教師《きょうし》をだますというやましい行為《こうい》を見抜《みぬ》かれたのではないかという恥《は》ずかしさを表《あらわ》している。

また、傍線部《ぼうせんぶ》「ぼくは彼《かれ》の眼《め》をひそかに盗《ぬす》み見《み》てしまう」の「ひそかに」というクッツキ言葉《ことば》に注意《ちゅうい》すると、他《ほか》の生徒《せいと》には気《き》づかれないように「若林《わかばやし》」の様子《ようす》をうかがっていることがわかる。つまり、「ぼく」は一人《ひとり》、若林《わかばやし》という転校生《てんこうせい》に自分《じぶん》の行為《こうい》が見抜《みぬ》かれているのではないかと不安《ふあん》になっているのだ。

キッカーケ

▼問四《といよん》の解答《かいとう》：エ

ア　「ぼく」が周囲《しゅうい》から評価《ひょうか》された時《とき》、若林《わかばやし》ならどのような行動《こうどう》を取《と》るのか気《き》になったから。
↓「（若林《わかばやし》が）どのような行動《こうどう》をとるのか気《き》になった」という表現《ひょうげん》はない。

イ　「ぼく」よりも若林《わかばやし》の方《ほう》が優秀《ゆうしゅう》だと思《おも》い、若林《わかばやし》が「ぼく」をどう思《おも》っているのか気《き》にしていたから。
↓若林《わかばやし》に見抜《みぬ》かれているかもしれないと不安《ふあん》になっていることが書《か》かれていない。

ウ　「ぼく」が常《つね》に優等生《ゆうとうせい》であるためには、「ぼく」の正体《しょうたい》を知《し》っている若林《わかばやし》に認《みと》めてもらうしかないと思《おも》ったから。
↓「若林《わかばやし》に認《みと》めてもらうしかない」とは書《か》かれていない。

おわりに　小学生《しょうがくせい》の君《きみ》たちへ

さて、これですべての授業《じゅぎょう》は終《お》わりだ。おつかれさま。

物語文《ものがたりぶん》を読《よ》むために必要《ひつよう》な7つのコツを覚《おぼ》えてくれたかな？

え、もう忘《わす》れちゃった？

大丈夫《だいじょうぶ》、耳《みみ》をすませてごらん。頭《あたま》の中《なか》からスケモンたちの声《こえ》が聞《き》こえてくるだろ。

アーユー・レディ？　バメンに分けてジョーケーを見《み》るのでござる。「クッツキ言葉《ことば》」や「ような言葉《ことば》」、指示語《しじご》にも注意《ちゅうい》するのじゃ。それに、えっと…えっと…きっかけなんだっけ？

ほらね。君《きみ》たちにはいつもスケモンがついているから、どんな難《むずか》しい問題《もんだい》が出《で》ても平気《へいき》だよ。

え？　やっぱり気持《きも》ちを読《よ》み取《と》るのは難《むずか》しいって？

そんなことはないよ。登場人物《とうじょうじんぶつ》の気持《きも》ちを表《あらわ》すには決《き》まった方法《ほうほう》があるから、それに従《したが》って物語文《ものがたりぶん》は書《か》かれているんだ。

その方法《ほうほう》を知《し》ってるのが、スケモンなんだよ。

スケモンたちと一緒《いっしょ》に物語文《ものがたりぶん》を読《よ》めば、登場人物《とうじょうじんぶつ》の気持《きも》ちがわかるようになって、「ああ、そういうことなんだ！」と感動《かんどう》が深《ふか》まってくると思《おも》うよ。

物語文《ものがたりぶん》を読《よ》んで面白《おもしろ》いと感《かん》じたら、君《きみ》はもう立派《りっぱ》な長文読解《ちょうぶんどっかい》マスターだ。中学受験《ちゅうがくじゅけん》だけではなく、高校受験《こうこうじゅけん》、大学受験《だいがくじゅけん》においても大丈夫《だいじょうぶ》だよ。だって、物語文《ものがたりぶん》の読解法《どっかいほう》は決《き》まっているからね。『説明文編《せつめいぶんへん》』と合わせて14匹《ひき》のスケモンたちと一緒《いっしょ》に勉強《べんきょう》を続《つづ》けてみよう。君《きみ》たちの読解力《どっかいりょく》はぐっと伸《の》びるはずだよ。

それから、最後《さいご》にお礼《れい》を述《の》べておこう。この本《ほん》を出《だ》すとことができたのは、みんなの励《はげ》ましがあったからなんだ。

本当《ほんとう》にありがとう！

それじゃ、みんなが楽《たの》しんで国語《こくご》の勉強《べんきょう》ができるようになることを願《ねが》っているよ。

じゃあね！

おっと、前回《ぜんかい》はドアに頭《あたま》をぶつけちゃったんだな。気《き》をつけてと…。

ズルッ！　ゴチッ!!　イテッ！　誰《だれ》だよ、こんなところにバナナの皮《かわ》を捨《す》てたのは！

保護者の皆様へ

本書はいかがだったでしょうか。まんがを読んで、楽しみながら読解のコツをつかんでいただければ幸いです。

さて、保護者の皆様におかれては、物語文から心情を読み取ることはできても、理由を説明するのに困る場合が多いのではないでしょうか。

物語文も説明文と同様に、決まったセオリー（理論、方法）によって書かれていますので、そのセオリーを理解しておけば、容易に心情を説明することができます。

今回はその中でも特に重要なものを示しておきました。比喩表現や身体を使った言葉（カラダ言葉）、指示語等に注意するのは、よく言われることですが、場面分けや情景描写については忘れている方も多いのではないでしょうか。

特に、「状況→心情→行動」という図式から「きっかけ」を探す方法は、大学入試でよく使われるものです。お子さんにはやや難しいかもしれませんが、この図式がイメージできるようになれば、読解力が増してきます。

また、「クッツキ言葉」は一般にはほとんど扱われない概念ですが、心情把握の大きなポイントになりますので、この機会に理解してください。

ともあれ、これまで『説明文編』と合わせて14のコツを説明してきました。スケモンたちとセットにして覚えると、楽しみながら学習できますので、ゲーム感覚で取り組んでいただければと思います。

学習を楽しむ姿勢が身につけば、自ら進んで学ぶようになり、お子さんの力は一気に伸びていきます。本書がその一助となることを願っています。

ただ、本書で示したのはあくまで基礎であり、実際の受験には、漢字や語彙、接続詞等の幅広い知識が必要となります。本書は入門編としてとらえていただき、本書をマスターした後は、レベルアップした問題に挑んでください。

それでは、最後になりますが、前作『説明文編』に多くの激励の声をいただいたことを感謝するとともに、国語がニガテなお子さんのために本書が役に立つことを心より願っています。

２０２１年11月

長尾誠夫

本書に登場した7匹の スケモンファイル

011 バメンザエモン

場面を切り分けるニヒルな侍スケモン

特技 長い物語文を時間や場所によって場面分けする。

効果 それぞれの場面における気持ちがわかりやすくなる。

性格 孤独を愛する一匹狼で、木枯らしとともに現れ、去っていく。

012 ジョーケー

情景から気持ちを読み解く愉快な道化師

特技 情景描写から人物の気持ちを理解する。

効果 直接表現されない気持ちがわかる。

性格 陽気で人なつっこいが、「ババ」と言われると落ち込んでしまう。

008 ヒユ・ヨーナ

詳しい状況や重要な気持ちがわかるスケモン

特技 「ような言葉」を見つけて物語文を読み解く。

効果 詳しい状況や重要な気持ちが理解できる。

性格 甘ったれで、ほめてもらわないと気がすまない。クネクネした動きが特徴。

013 シージー

「指示語」の奥義を体得した仙人スケモン

特技 設問内の「指示語」の示す内容をはっきりとさせる。

効果 問題の答えを簡単に見つけ出す。

性格 万物の真理に通じた長老だが、意外に単純で、すぐに怒ったり得意になったりする。

009 クッツーキ

動作を表す言葉にくっつく生意気スケモン

特技 「クッツキ言葉」を探して気持ちを読み解く。

効果 気持ちを読み解くカギが簡単に見つかる。

性格 いつもふてくされているが、喜ぶとすぐにくっついてしまう。

014 キッカーケ

きっかけを見つけて問題を解くのんびり屋

特技 行動や気持ちのきっかけを見つけ出す。

効果 物語の流れをつかみ、問題の答えを出す。

性格 忘れっぽくて、自分が何をしているのかいつも考え込んでいる。

010 ミス☆カラダン

「カラダ言葉」を踊りで教えるダンスの先生

特技 「カラダ言葉」を抜き出し、人物の気持ちを読み取る。

効果 体を使った気持ちの表現が、すぐに理解できる。

性格 面倒見はいいが、勝ち気で押しが強く、すぐにダンスを教えようとする。

※001～007のスケモンは『説明文編』に登場しています。

長尾　誠夫（ながお　せいお）

愛媛県生まれ。東京学芸大学卒業。都立高校国語教師・ミステリ作家。都立高校に勤めるかたわら、『源氏物語人殺し絵巻』で第4回サントリーミステリー大賞読者賞を受賞し作家デビュー。『早池峰山の異人』で第45回推理作家協会賞短編部門候補となる。日本推理作家協会会員。著書に『邪馬台国殺人考』（文藝春秋）、『黄泉国の皇子』（祥伝社）、『子規と漱石のプレイボール』（ぴあ）、『鬼譚～闇のホムンクルス～』（朝日メディアインターナショナル）、『清少納言と学ぶ古典文法』（彩図社）などがあり、本書の姉妹編『中学受験 まんがで学ぶ！ 国語がニガテな子のための読解力が身につく7つのコツ 説明文編』（Gakken）はロングセラーとなっている。

よこて　さとめ

埼玉県生まれ。女子美術大学デザイン学科卒業。フリーランスのイラストレーター。様々なメディアで、イラストや漫画制作を担当。趣味もイラストを描くことなので、1日の大半イラストを描いて過ごしている。フライドポテトが好き。

キャラクター原案作成　佐久間さのすけ
校正　有限会社トップキャット
編集協力　斎藤真史

読者アンケートのお願い

本書に関するアンケートにご協力ください。

右のコードかURLからアクセスし，以下のアンケート番号を入力してご回答ください。

当事業部に届いたものの中から抽選で年間200名様に，「図書カードネットギフト」500円分をプレゼントいたします。

https://ieben.gakken.jp/qr/dokkai_7tsu/

アンケート番号：305520

中学受験 まんがで学ぶ！
国語がニガテな子のための読解力が身につく７つのコツ　物語文編

学研グループの書籍・雑誌についての新刊情報・詳細情報は、下記をご覧ください。
学研出版サイト　https://hon.gakken.jp/

③